Marc-Oliver Bischoff
Lauf, du Sau!

Marc-Oliver Bischoff

Lauf, du Sau!

Geschichten vom Laufen

VERLAG DIE WERKSTATT

Bibliografische Information der Deutschen Nationalbibliothek:
Die Deutsche Nationalbibliothek verzeichnet diese Publikation in der
Deutschen Nationalbibliografie; detaillierte bibliografische
Daten sind im Internet über http://dnb.d-nb.de abrufbar.

Copyright © 2015 Verlag Die Werkstatt GmbH
Lotzestraße 22a, D-37083 Göttingen
www.werkstatt-verlag.de
Alle Rechte vorbehalten.
Fotos: Marc-Oliver Bischoff
Satz und Gestaltung: Verlag Die Werkstatt
Druck und Bindung: Westermann Druck Zwickau

ISBN 978-3-7307-0158-4

FSC
www.fsc.org
MIX
Papier aus verantwortungsvollen Quellen
FSC® C110508

Inhalt

Lauf, du Sau! 9
Zwölfeinhalb Zoll Tempotraining 12
Kölsch und Kohlrouladen 15
Mit Rex Gildo im Teleporter 18
Junkie mit freiliegendem Ei 21
Auf den Hund gekommen 24
Papa, der Trainer 27
Wie man seinen Puls auf hundertsechzig bringt 30
Warnung vor dem Kinde 32
Armageddon 35
Der Mann aus Baiern 37
Power Running 41
Schwabendöner 44
Wo ist der Schlüssel, ja wo denn? 46
Der Toni holt mich zum Laufen ab 48
Offener Brief an Herrn und Frau Polar 50
Flatulenz am Feldweg 54
Ich hab jetzt auch MBTs 56
Der Geheimtipp 59
Was für'n Tag, und es ist noch nicht mal elf 60
Der Neger aus Kurpfalz 63
BillyBoy 65
Wetter scheiße, Ziel erreicht 68
Landingstrip am Warzenhof 73
Ich krieg nie was ab 75
No sports please 78
Mein neuer Benchmark 80
Bei Dr. Knochenbrech 82
Gugu, i han e Ufo gsäa 85
Krampusjagd 88
Mönsch, Börnie! 92

Wie die Laufsau einmal einen Schuh vermisste 95
Brödlemarathon 97
Die Gattin 99
Der Erlkönig 101
Scharf 103
101 coole Sprüche fürs Laufshirt 105
Der olfaktorische Safe 108
Hilfe, die Amis kommen 111
Prinzessin Lillifee 115
Doppelt gemoppelt 117
Postzyklisch 120
Verwachst 123
Die heimliche Mocki 127
Laufsaus Laufberatung 130
Danke, Frau Merkel 133
Höllentrip 134
Lauf-ABC, die Erste 137
Lauf-ABC, die Zweite 140
Dr. Knochenbrech Reloaded 144
Schutzlos 147
Alles eine Frage der Verhältnismäßigkeit 150
Der gute Katholik 153
~~Rocky~~ Rookie II 156
Die indischen Waschnüsse 158
Hey, hey, Laufsau, hey, Laufsau, hey! 162
Das Fitnessarmband 165
Verkleidungslauf 172
Die Vögel 177

Nachwort zur Neuauflage 182
Danke 184
Zum Autor 185

Für Claudia

Lauf, du Sau!

Superhelden werden nicht geboren, sie werden gemacht. Von radioaktiven Spinnen, durch fehlgeschlagene militärische Experimente oder – wie im Fall der Laufsau – von ihrem Hausarzt.

„Hmmm. Hmmm hmmm hmmm." Mein Hausarzt wirft die Denkerstirn in Falten, während er den Computerausdruck taxiert. Er ist ein netter Kerl. Eigentlich. Wenn er nur nicht so pingelig mit meinen Blutwerten wäre.
„Also, Ihre Werte sind weitgehend in Ordnung. Für einen Vierzigjährigen. Wenn man mal vom Cholesterin und von den Leberwerten absieht."
Lediglich Cholesterin und Leberwerte, toll. Warum sonst geht man zum jährlichen Check-up beim Hausarzt?
„Prima, her mit den Betablockern!", rufe ich verzückt, aber der Weißkittel wehrt ab.
Homöopathie steht in großen Lettern auf seinem Praxisschild, das hätte mir eine Warnung sein sollen. Ich mache mich auf Kräutereinläufe zweimal täglich gefasst, aber er bringt mich mit einer unerwarteten Frage aus dem Konzept.
„Treiben Sie Sport?"
„Natürlich treibe ich Sport, ich laufe", entgegne ich stolz.
„Wie oft?", will er wissen.
„Also, ähm, ehrlich gesagt bin ich nicht so der Statistik-Typ. So ... gefühlte drei Mal im Quartal?"
Das reicht ihm nicht. Zwei bis drei Mal die Woche müssten es schon sein.
„Na ja", entgegne ich kleinlaut, „Sie wissen doch, wie das ist mit Familie und Beruf und all dem Stress."
Ich soll mir ein Ziel setzen, schlägt er vor. Einen Volkslauf, für den Anfang zehn Kilometer. Wenn man mal angemeldet sei,

treibe einen die Angst an. Und Sport sei das beste Gesundheitsprogramm. Zur Routinekontrolle soll ich in einem halben Jahr noch einmal vorbeischauen. Ich spüre den Lufthauch des Damoklesschwertes im Nacken, das über meinem Kopf schwebt. Auf dem Rückweg mache ich Halt beim lokalen Sportausstatter.

Die Gattin bricht in Heiterkeitsanfälle aus, als ich mit Tüten voller Sportartikel zu Hause eintreffe. Ihr Gegacker weicht Schreckensbleiche, als mir ein Kassenbon in der Länge einer Rolle Raufasertapete aus der Tüte fällt.

„Ich bin jetzt Wettkampfläufer", belehre ich sie.

Sie sieht kopfschüttelnd zu, wie ich meine Neuerwerbungen zur Körperertüchtigung auf dem Wohnzimmerboden ausbreite. Am Abend drücke ich ihr einen Computerausdruck in die Hand.

„*Vielen Dank für Ihre Anmeldung zum Stuttgarter Halbmarathon. Ihre Startnummer ist 8159. Bitte lassen Sie sich vor der Teilnahme ärztlich untersuchen ...*"

Ehefrauen anderer Männer wären vor Ehrfurcht erstarrt oder hätten jetzt ein bisschen geschmachtet.

„Dass du immer gleich übertreiben musst!", sagt sie.

Drei Monate später, Mitte Juli, wanke ich, die Startnummer 8159 an mein Funktionsshirt geheftet, bei 30 Grad im Schatten zwischen den Kilometermarken 16 und 17 an der gefühlten Ideallinie entlang.

„Dass du immer übertreiben musst!", denke ich mir. „Warum nur hast du dich ausgerechnet gleich für einen Halbmarathon angemeldet?"

Ich pfeife, wie man so schön sagt, auf dem letzten Loch. Aber immerhin überhole ich noch ein paar Leidensgenossen, bei denen gar nichts mehr pfeift. Meine Waden hängen schwer wie Zementsäcke an meinen Knochen, meine Lunge hat höchstens noch das Volumen eines vertrockneten Brötchens. Und dann steht bei Kilometer siebzehn plötzlich dieser Mann, den schickt mir der Himmel. Er sieht mich Häuflein Elend, stürmt durch die Absperrungen auf mich zu, holt tief Luft und brüllt mir ins Ohr:

„**Lauf, du Sau!**"

Genau das richtige Maß an Motivation für einen wie mich.

„Lauf, du Sau!", schreie ich mich innerlich an, „lauf, lauf schon, du Sau, du schaffst es, laufdusau, laufdusau!"

Mit jedem Schritt werden die Waden leichter, die Lunge dehnt sich aus. Ich rase an einer Verpflegungsstation vorbei, schnappe mir einen Becher, gieße ihn mir wie die Profis zur Kühlung über den Kopf. Es ist Zitronentee. Egal, bei Kilometer neunzehn weiß ich, ich habe es beinahe geschafft. Eine Viertelstunde später taumele ich mit hochgerissenen Armen ins Gottlieb-Daimler-Stadion. Zwanzig Meter hinter dem Ziel breche ich auf der Wiese zusammen. Die Gattin tätschelt mir liebevoll die Wange, während die Sanitäter mich auf die Trage wuchten.

„Nächstes Jahr laufe ich den Marathon", röchle ich.

„Ich bin stolz auf dich, Schnuppilein!", sagt die Gattin und verdrückt eine Träne.

Ich erhebe die Hand zum Victory-Zeichen, als sie mich aus dem Stadion tragen, und flüstere ermattet: „Wer hätte das geglaubt, ich bin jetzt eine veritable Laufsau!"

Zwölfeinhalb Zoll Tempotraining

Wer Kinder hat, braucht sich ums Tempotraining keine Sorgen mehr zu machen. Vor allem, wenn die Kleinen mit dem ersten Fahrrad die Gegend unsicher machen.

Während Sohn#2 seinen Sonntagmittagsschlaf abhält, werde ich beauftragt, Sohn#1 auf meine kleine Laufrunde mitzunehmen. Auf dass die Laufsau fit werde und das Kind müde.

„Sohn#1", sage ich, „wollen wir einen gaaaaanz tollen Ausflug machen? Du begleitest mich beim Lauftraining mit dem Fahrrad? Wir können bis zur Staustufe fahren und gucken, ob Schiffe vorbeikommen!"

„Nöööö. Papa, spielst du mit mir Feuerwehrauto? Die Fabrik ist abgebrannt und ganz viele Leute sind tot!"

Na Servus.

„Nein, Papa muss heute laufen gehen. Also gehst du mit oder nicht?"

„Vielleicht."

„Nein, nicht vielleicht – ja oder nein?"

„..." (will heißen, keine Antwort).

Ich packe meine sieben Sachen und rufe zum Abschied: „Tschüs, ich geh dann."

Die Tür klappt gerade zu, da geht das Geheul los.

„Papaaaa, warte auf mich, ich will auch mit!"

Die Gattin ruft aus der Waschküche: „Nun nimm den Jungen doch mit, wenn er unbedingt will!"

Für heute kann ich mir das Tempotraining sparen, mein Puls ist jetzt schon auf 170 (wenn ich dem Laufcomputer glauben darf).

Also Kind eingepackt, losgerannt.

Nach 200 Metern: „Papa, wir haben das Seil vergessen!"
„Wozu ein Seil?"
„Damit du mich ziehst, wenn ich nicht mehr kann."
„Ja super, wolltest du nicht Fahrrad fahren?"
Umdrehen, Seil geschnappt. Wieder los. 200 Meter ...
„Papa, ich kann nicht mehr."
Ja Kreuzteufelhimmelherrgottsakrament noch einmal, warum darf man eigentlich seine Schrazen heute nicht mehr verdreschen? Komm, Laufsau, verdräng deine Gewaltfantasien, es ist nur ein Kind.

Weisheiten aus diversen Erziehungsratgebern über den Haufen werfend sage ich: „Wenn du jetzt Ruhe gibst, kriegst du nachher an der Staustufe ein Rieseneis."
Sohn#1 gibt Ruhe. Sohn#1 gibt Gas. Muss wohl die Aussicht auf das Eis sein. Ich hätte nicht gedacht, dass man mit einem Kinderfahrrad mit 12-½-Zoll-Rädern über 13 Stundenkilometer schnell fahren kann. Kann man aber, mein Laufcomputer irrt sich nie.

Das Problem ist, dass der Junge nicht konstant schnell fährt, sondern immer nur bis zur nächsten Attraktion am Wegrand. Zum Beispiel einer Gruppe Enten. Oder einem Angler. Einem besonders schönen Stein. Einem mordsgroßen Hundekacka. Und dann muss man ja auch noch rausfinden, ob das weich oder hart ist, wenn man mit dem Vorderreifen durchfährt. Mehrmals. Ich renne also nebenher, 100 Meter wie Usain Bolt. Vollstopp. Wieder los. Erneut anhalten, noch mal 150 Meter Vollspeed. Das nennt man Intervalltraining, aber unserer Variante fehlt leider das System. Sohn#1 macht sich inzwischen einen Spaß draus, mich aus der Puste zu bringen, ganz keck guckt er sich um, wenn er lossprintet.

Nach einer Stunde sind wir angekommen, der Weg führt uns direkt zum Kiosk.
„Kaktuseis oder BumBum mit Kaugummistiel?", frage ich.
„Kaktuseis und BumBum!", anwortet er keck.
Nach zwei Portionen Eis (von Sohn#1!) rege ich vorsichtig an, zurückzufahren.
„Papa, ich hab Bauchweh."

„Ja klar, nach einem Kaktuseis und einem BumBum wär mir auch schlecht."

„Papa, ich bin soooo schnell gefahren, ich bin ganz müde, ziehst du mich heim?"

Gott sei Dank haben wir das Seil dabei. Auch schön, dass es den ganzen Rückweg bergauf geht. Das Fahrrad ist deutsche Qualitätsarbeit, der Rahmen wahrscheinlich aus massiven Stahlträgern gefräst, jedenfalls wiegt das Ding locker 30 kg – ohne Klingel.

Sohn#1, ich verspreche dir, dein nächstes Fahrrad ist aus Karbonfaser.

Was freu ich mich auf mein Hefeweizen daheim ...

Kölsch und Kohlrouladen

Manchmal sind Hausmittel die beste Medizin.
Aber sie bergen auch Gefahren.

Einer alten Freundin klage ich mein Leid am Telefon. Das übliche Läufergejammer: Aua, mein Knie knarzt – besonders nach dreißig Kilometern. Alles schon probiert, nix hat geholfen, links macht's auch schon verdächtige Geräusche. Die Freundin, muss man wissen, ist selbst mit einem Marathonläufer verheiratet, die kennt das Gewinsel also schon.

Sie rät mir jovial: „Da hab ich einen toooooodsicheren Tipp für dich: Kohlwickel."

„Kohlrouladen meinst du – die kenn ich, macht meine Schwiegermama doll lecker", korrigiere ich sie.

„Nein nein, Kohl*wickel*!", tönt es aus der Leitung. „Aus Kohlblättern. Die legst du über Nacht aufs Knie, morgen fühlst du dich wie neu geboren, sag ich dir. Entzündungshemmend mit allem Drum und Dran."

Während ich mir beschreiben lasse, wie das genau funktioniert mit den Kohlrouladen, zieht meine Stirn immer tiefere Falten. Der letzte Tipp meiner Freundin hatte nicht nur entfernt mit Quark zu tun – 40 % Fettgehalt, nicht etwa Magerquark. Am Ende des Abends war der Quark überall in der Wohnung verteilt, nur nicht auf meinem Knie.

„Vielen Dank", sagte damals die Gattin, die den Schlamassel reinigen musste, denn ich war nach dem langen Lauf ja leider total malad. Was ich jetzt zu hören bekam, klang nicht weniger unappetitlich. Aber Läufer sind ja ein bisschen wie verzweifelte chronisch Kranke. Irgendwann ist man so weit, dass man jeden Mist ausprobiert, und sei er noch so abwegig, Hauptsache, er verspricht Linderung und kostet nix. Also was für ein Glück,

15

dass in der grünen Kiste vom Bio-Lieferservice diese Woche ein großer Wirsingkohl lag. Ganz korrekt ist das natürlich nicht, Wirsing statt Weißkohl, aber da wollen wir jetzt mal nicht pingelig sein.

Dienstagabend, 22.30 Uhr, ein weiterer 30-Kilometer-Lauf liegt hinter mir. Der letzte, Gott sei Dank, denn ich hatte einen kleinen Einbruch (wenn man das als Einbruch bezeichnen darf, dass ich diesmal nicht nach, sondern schon während des Laufs kotzen musste). Die Gattin liegt bereits im Bett. Ich pople ein Wirsingblatt vom Kohl ab. Ach komm, viel hilft viel: zwei, drei, fünf Blätter – ja das ist gut. Zwischen zwei Klarsichtfolien legen, mit dem Nudelholz (wo hat die Gattin das jetzt nun wieder versteckt? Ach ja, hinter der Eingangstür) rollrollroll.

Uähh, was kommt denn da für eine braungrüne Soße raus? Zier dich nicht, Laufsau, wir sind ja hier nicht im Kochduell. Also wie war das jetzt noch? Ah ja, eine Hülle weg, nun das Paket aufs Knie klatschen und – verdammte Schwerkraft. Wie schafft man es nur, dass das Zeug auf dem Knie bleibt? Rutschrutsch, oje, jetzt liegt der ganze Schlonz am Boden. Gut, dass der Küchenboden aus PVC ist. Ich kratz den Matsch ab, leg ihn wieder aufs Knie, vielleicht sollte ich mich mal hinsetzen, damit das Zeug draufbleibt. Oh Mist, Männer und Wirsing sind einfach nicht füreinander geschaffen.

Wirsing ist irgendwie Frauengemüse.

Und jetzt soll ich das noch mit einer elastischen Binde fixieren. Wo war jetzt noch mal die elastische Binde? Im Apothekenschrank. Im ersten Stock. Shit. Wieder alles abspachteln. Was soll ich sagen, nach einer halben Stunde hab ich es geschafft, alles drauf, alles verpackt. Mein Knie sieht aus wie ein Ballon, ich hätte mich vielleicht doch mit einem Blatt begnügen sollen. Egal. Ich soll das nun über Nacht drauflassen, und morgen werde ich mich fühlen wie ein Gott. Zähneputzen, ab ins Bett. Kuschelkuschel an die schläfrige Gattin.

Schnüffelnd murmelt sie im Halbschlaf: „Was riecht denn da so komisch?"

„Kohlrouladen", flüstere ich und höre mich bald darauf schnarchen.

Drei Stunden später werde ich unsanft wachgerüttelt. „Wassn los?", lalle ich halb benommen. „Hat Sohn#1 Pipi ins Bett gemacht?"

„Nee, du hast Pipi ins Bett gemacht."

„Ich mach nich mehr ins Bett, seit ich fünf bin!"

„Und was ist das da?" Sie zeigt auf den großen nassen Fleck auf meiner Seite des Bettes. Ich gucke den Fleck an, gucke mein verbundenes Knie an, auf dem elastischen Verband ebenfalls ein großer nasser Fleck. Mist, der Kohl ist ausgelaufen.

Beim Wäschewechseln wacht dann noch Sohn#2 auf, als ob das nicht genug Stress für eine Nacht wäre.

Als wir wieder im Warmen, Trockenen liegen, alles ganz ruhig, fragt die Gattin mich: „Was hast du da überhaupt reingetan in deinen Verband?"

„Wirsingkohlblätter."

„Hoffentlich hast du noch was übrig gelassen? Ich wollte morgen Kohlwickel zum Mittagessen kochen."

Danke nein. Von Kohlwickeln hab ich genug für dieses Jahr. Von allen Wickeln. Das Knie kann mich mal kreuzweise.

P.S.: Ich freu mich schon auf den Marathon in Köln. Das Einzige, was mich stört, ist, dass die da kein Bier haben, sondern nur Kölsch. Wenn wir da sind, erklär ich denen mal, wie man das Zeug so braut, dass die Kohl (oh nein, schon wieder Kohl) ensäure drin bleibt.

Mit Rex Gildo im Teleporter

Die Laufsau widmet sich der Körperpflege.
Mit unvorhergesehenen Nebenwirkungen.

Der Avon Frauenlauf heißt nicht von ungefähr so. Jede Teilnehmerin erhält einen Beutel mit Kosmetikprodukten, so auch Martha, Freundin der Familie seit dem Sängerstreit auf der Wartburg. Martha, ein rüstiges Hessenweib, hat mehr Testosteron im Blut als alle Mitglieder der russischen Jugendgruppe zusammen, die neuerdings unseren beschaulichen Stadtteil beschützen (gegen ein geringes Entgelt, versteht sich). Das erklärt nicht nur Marthas außergewöhnlich dichten Damenbart, sondern auch ihre Spitzenzeiten. Wenn wir gemeinsam starten, sehe ich noch kurz ihre Rücklichter, dann bringt sie mir im Ziel – bereits frisch geduscht – das Belohnungsbierchen zum Anstoßen vorbei, sehr freundlich von ihr.

Jedoch hat Martha es nicht so mit Kosmetik oder Makeup („Ei isch bin doch dodaal alleggisch auf des ganse Zoichs").

Ihre soziale Ader führt sie trotzdem zum Avon-LKW, von wo das Kosmetiktäschchen mit all seinen verführerischen Pröbchen dann auch direkt den Weg in unser Heim findet. Die Gattin ist ganz aus dem Häuschen ob dieses Füllhorns voller tierversuchsfreier Beautyprodukte.

„Du könntest auch mal was gegen deine trockene Haut tun! Da ist 'ne Bodylotion drin, die dürfen nicht nur Frauen nehmen." Sie zwinkert mir ermutigend zu.

Nach meiner üblichen Runde am Neckar und ausgiebiger Dusche steht mir nun der Sinn nach Wellness. Warum sich nicht was Gutes tun? Eine streichelzarte Cremmassage mit wohlriechenden Essenzen aus dem geheimen Avon-Labor? Ich greife mir die größte Tube aus dem Sack. Zur Anwendung kommt wieder das bekannte Laufsau-Prinzip ‚Viel hilft viel'. Nicht umsonst heißt das Zeug ja Bodylotion, also soll der ganze Körper was davon haben.

Beim Zähneputzen vor dem Zubettgehen entdeckt die Gattin die leere Cremeschachtel: „Hast du das etwa alles aufgebraucht?"

„Klar, meine Haut ist jetzt weich wie ein Babypopo!"

„Wie der Arsch von Roberto Blanco vielleicht. Das ist Selbstbräunungscreme."

Wer lesen kann, ist klar im Vorteil, auf der Packung steht tatsächlich in großen Buchstaben „Hydro Radiance – Feuchtigkeitspflege mit Selbstbräuner".

Verdammt, was mach ich jetzt bloß?

Im Bad entfalten sich hektische Aktivitäten. In meiner Verzweiflung versuche ich, die Creme mit der Nagelbürste abzurubbeln. Das ist nicht nur vergebene Liebesmüh, sondern auch noch außerordentlich schmerzhaft. So falle ich erschöpft mit krebsroter, brennender Haut ins Bett.

Morgens habe ich das Desaster bereits vergessen. Bis ich im Bad das Licht anmache und in den Spiegel blicke. Ein markerschütternder Schrei schallt durchs Haus.

Die Gattin stürzt besorgt herbei – und schüttelt sich gleich darauf vor Lachen. Wer den Schaden hat, braucht für den Spott bekanntlich nicht zu sorgen. Ich fühle mich wie im Film „Die Fliege" von David Cronenberg. Darin gerät einem Wissenschaftler zufällig eine Fliege in seine Teleportationskammer, als er sich von einer Ecke des Raumes zur anderen beamen will. Woraufhin sich seine DNA mit derjenigen der Fliege vermischt und er sich in ein Mensch-Fliege-Wesen verwandelt. Bei Seth Brundle die Fliege, bei mir Rex Gildo. Oder George Hamilton, diese Schwulenikone der 70er und 80er mit dem unverwüstlichen Südseeteint.

Sehr unregelmäßige Flächen meines Körpers haben eine ungesunde Bräune entwickelt, während andere durch eine Blässe hervorstechen, die im Kontrast noch schlimmer wirkt als das Kunstbraun.

Erniedrigend genug ist das kindische Gegacker meiner Holden bis spät nach dem Frühstück. Unangenehmer noch ist der störrische Wunsch von Sohn#1: „Papa, du sollst mich in den Kindergarten bringen."

Ausgerechnet heute. Am liebsten würde ich mir ja eine Papiertüte über den Kopf stülpen, aber ob das weniger Fragen provoziert? Meine Notlüge, es handle sich um eine seltene, nicht ansteckende Hautkrankheit, quittiert die Erzieherin mit Stirnrunzeln. Die glaubt mir kein Wort. Bis heute Abend werde ich das Büro jedenfalls nicht mehr verlassen. Vielleicht gehe ich nachher noch zur Drogerie und hole mir ein Bleichmittel.

Junkie mit
freiliegendem Ei

*Die Laufsau kauft beim Kaffeeröster ein.
Und dann platzt ihr noch die Hose.*

Ich bin ein Junkie. Ich geb's offen zu. Meine Dealer heißen Albrecht, Herz, Schwarz, ihre Drogenumschlagplätze Aldi, Tchibo, Lidl. Wie jeder brave Süchtige weiß ich ja, dass das Zeug nicht gut für mich ist, aber ich kann trotzdem nicht widerstehen. Keine Woche vergeht, in der mein Dealer nicht über großformatige Zeitungsanzeigen an mich herantritt und mir geheimnisvoll zuraunt: „Brauchssu was? Hab ich erssklassige Ware! Top Scheiß aus China, Indien, superbillig!" Und dann tigere ich los.

Nicht dass ich wirklich blinkende Reflektorbänder für den Arm bräuchte oder die x-te Halo-Stirnlampe oder Walking-Stöcke mit integriertem Rücklicht. Nicht dass ich überhaupt im Dunkeln laufen würde, da hätte ich viel zu viel Angst. Aber wenn's eben nur halb so viel kostet wie bei der Konkurrenz, dann wär man ja schön bescheuert, nicht zuzuschlagen. Wenn einem dann die teure Erst-Stirnlampe in die Binsen geht, hat man umgehend Ersatz. Und die Dinger gehen ja immer dann kaputt, wenn man sie dringend braucht: also gerade, wenn man in der Dämmerung aufsattelt, um in den finsteren Wald aufzubrechen, und zur Kontrolle noch mal kurz einschaltet. Fatz, Birne hin, Batterie explodiert, das war's dann mit dem abendlichen 67-Kilometer-Trainingslauf. Niemand hat je davon gehört, dass so ein Gerät den Geist aufgibt, wenn man zufällig am Samstagvormittag nach dem Frühstück zum Telefonschrank geht, um die Fahrkarte für den Bus ins Zentrum zu suchen. Ein Blitz im Kleinkramskörble, Rauchwölkchen: „Ach sieh mal an, die Stirnlampe ist zufällig gerade kaputt gegangen –

prima, kann ich in der Stadt nachher gleich eine neue kaufen."
Nee, so läuft das leider nicht. Also heißt die Devise: „Laufenlaufen, kaufenkaufen", wie mein Nachbar Daniel, ein tauber Alt-68er aus dem Frankfurter Nordend, immer jedem ins Ohr schrie, der's nicht hören wollte.

Aber das Problem ist: Ich bereue es nachher. Immer wieder. Zum Beispiel die Laufsocken, die es mal vor hundert Millionen Jahren bei Tchibo gab. Aus hundert Prozent Plastik, mit ihrem spacigen Aussehen machten sie einen guten Eindruck. Ich erwarb sie im Hochsommer – keine gute Zeit, um Plastiksocken beim Joggen zu testen. Genauso gut kann man sich im August eine Schuhheizung einbauen und auf *Zehn* drehen. Ich erinnere mich noch gut, dass sich nach circa zwanzig Minuten ein leichtes Taubheitsgefühl links einstellte. Wenige Minuten später zog der rechte Fuß nach. Kurz darauf musste ich abbrechen. Ich öffnete die Schuhbänder, klappte die Lasche zurück und – ungelogen: Aus den Schuhen entwich Dampf! Heißer Wasserdampf, oder jedenfalls Schweißdampf, dem Geruch nach zu urteilen. Ich lief dann ohne Strümpfe nach Hause. Inzwischen nehme ich diese Tchibo-Laufsocken gerne im Winter für zu Hause, wenn's richtig zapfig kalt ist, da habe ich jetzt immer schön warme Füße.

Und dann war da noch die Geschichte mit der geplatzten Naht im Schritt.

Letztes Jahr gab's bei Feinkost Albrecht eine Thermo-Laufhose für quasi fast nix. Zwei Monate ging es gut mit uns beiden, und dann eines Tages im Januar, auf halber Strecke, dehne ich ein bisschen und „Knack" macht's im Schritt. Ein kleiner Riss mittendrin. Männer sind ja so dämlich: Statt die Sache auf sich beruhen zu lassen, pople ich mit dem Finger im Loch herum, einfach um mal zu checken, wie groß die Öffnung ist, und bei der Gelegenheit reißt der Spalt gleich noch ein bisschen weiter auf. Eine eng anliegende Thermolaufhose trägt man im Winter, entsprechend kalt war es auch. Beim Mann befinden sich da wichtige Körperteile, die zwar gekühlt werden sollten, aber so stark dann auch wieder nicht. Neben dem eisigen Hauch, der mich fortan da unten umwehte, hatte ich aber auch noch ein ästhetisches Problem. Das bemerkte ich aber erst, als mir eine Oma mit ihrem altersschwachen Dackel entgegenkam und ihr schier das Gebiss rausfiel, als sie an mir vorbeischlurfte. Dass sich achtzigjährige Damen mit Pelzhütchen nach mir umdrehen, ist auch schon eine Weile her. Gut, dass der Dackel nicht mehr hochspringen konnte. Ich hatte mich nämlich im Schritt nicht nur der Welt geöffnet. Ich fing vielmehr an, mich nach außen zu stülpen. Jedenfalls eine von zwei Komponenten, wenn Sie verstehen, was ich meine. Der Heimweg war ganz und gar würdelos. Man will ja nicht mit einem heraushängenden Ei in der Öffentlichkeit gesehen werden – nicht, wenn man ein ehrbarer Familienvater ist und einen Ruf zu verlieren hat. Aber ständig eine Hand am Skrotum zwecks Fixierung der Ausstattung macht die Sache nicht besser. Das Einzige, was mir schlussendlich einfiel, war, mein elastisches Laufshirt nach unten zu ziehen und so den Stein des Anstoßes den Blicken der Passanten zu entziehen.

Und wie sieht ein Typ aus, der mit bis zu den Kniekehlen heruntergezogenem T-Shirt durch den Wald läuft? Wie Sterntaler.

Nach dieser Geschichte musste eine neue Hose her, und diesmal gab's die gute teure mit den vier Buchstaben. Die war so eng anliegend, windschnittig und sportlich motivierend, dass ich beim nächsten Abendtraining im Dunkeln mit Vollgas über einen erhabenen Gullydeckel stolperte, auf die Fresse flog und mir nicht nur ein riesiges Loch im linken Hosenbein, sondern auch im Knie zuzog. Damit war diese Hose dann auch reif für die Tonne. Warum ich überhaupt im Dunkeln über Gullydeckel stolpere? Weil beide Stirnlampen zu Hause im Körble lagen. Ich vergess die eigentlich fast immer.

Auf den Hund gekommen

„Der Felix ist ein ganz Lieber", meint Frau Reimers und schickt die Laufsau mit einem 60-Kilo-Labrador auf die Piste.

Als Läufer hat die Laufsau eine angeborene Aversion gegen Hunde. Nicht im Tierheim, auf dem Hundefriedhof oder als Hauptgericht in einem vietnamesischen Spezialitätenrestaurant. Aber in freier Wildbahn auf meiner Hausstrecke kann ich die Biester nicht leiden. Egal ob Typ Yorkshire-Kampfratte oder ein Hund für sechs Personen mit 1,70 m Schulterhöhe – ich hasse sie alle gleich, da bin ich vorurteilsfrei. Sie bellen, ihre Kacke klebt an meinen 130-Euro-Tretern, und wenn es regnet, riechen sie nicht wie Chanel Nummer 5. Umso schlimmer, dass ich neulich gezwungen wurde, das Lager zu wechseln.

Die rüstige Frau Reimers ist krank, ihr Hund muss trotzdem raus. Der freundliche junge Mann (hörthört!) von gegenüber geht doch sowieso täglich spazieren (Hallo? Seit wann geht man mit Coolmax und ABZORB SBS spazieren?), könnte der nicht vielleicht … ? So schnell konnte ich mich gar nicht im Gästeklo verstecken, wie die Gattin mich als Retter in der Not feilbot. Und – zack! – werde ich vom Köterhasser zum Gassi-Onkel.

„Der Felix ist ein ganz Lieber!", bekomme ich das Monster angeboten wie Sauerbier, und ganz umsonst gibt es zu dem 60-Kilo-Labrador noch eine 10-Meter-Hundeleine aus halbstatischem Polyamid dazu, mit der man sich locker die Eiger-Nordwand hochziehen könnte. Das hätte mich stutzig machen sollen.

Gut, ich gebe zu, sich das eine Ende der Leine um den Bauch zu binden, war nicht die beste aller Ideen an diesem Tag.

Zuerst einmal geht es aber gar nicht los. Der Felix mag ja „ein ganz Lieber" sein, zuvörderst ist er jedoch ein faules Aas. Ich starte, das Tier steht. 72 Kilo pure Dynamik treffen auf 60 Kilo Bremswiderstand. Man muss kein Physiker sein, um auszurechnen, wer hier den Kürzeren zieht. Genauso gut hätte ich mich an einen Laternenpfahl binden können. Die Gattin hat den rettenden Einfall: Frau Reimers spendiert eine Runde *Frolic*, die ich in der Laufhose deponiere, und schon zuckelt Felix brav hinter der Laufsau, verkleidet als Hundekarotte, her. Die Chose geht erstaunlich gut – bis Felix einen Hasen auf dem Feld erblickt. Dahin ist alle hündische Contenance, vergessen sind die Appetithäppchen im Vordermann. Hier lockt richtiges Fressi, lebendige Beute. 60 Kilo Muskeln setzen sich in Bewegung und 72 Kilo versuchen zu bremsen. Geht gar nicht. Das wird mir auch blitzschnell klar, doch leider ist ein doppelter Palstek unter Belastung nicht so einfach zu lösen. Die Laufsau versucht also, mit Felix Schritt zu halten, gleichzeitig den Knoten zu öffnen, nicht das Gleichgewicht zu verlieren und für die entgegenkommenden Spaziergänger noch ein möglichst unbeteiligtes Gesicht aufzusetzen. Ein hoffnungsloses Unterfangen.

Die Gattin erhielt zu dieser Zeit mehrere Anrufe, ich sei gesehen worden, wie ich von einem Monsterhund führungslos durch den Wald geschleift wurde, hilflos mit den Armen rudernd, verdreckt, zerlumpt, blutend. Papperlapapp! Ja, ich stolperte, fiel und schliff und wenig später sah ich aus wie ein paniertes Schnitzel. Ja, meine Hightech-Textilien hatten den einen oder anderen Riss, meine Haut diesen oder jenen Kratzer abbekommen, ok, es blutete ein bisschen. Aber hilf- und führungslos? Ich wusste genau, was ich tat, nur was der Hund tat, entzog sich völlig meiner Kontrolle.

Schlussendlich verschwand der Hase im Unterholz, und für die kleinen Lücken im Gestrüpp war Felix zu fett. Ich wusste gar nicht, wie mir geschah, als ich am Boden liegend schwer ächzend spürte, wie eine kalte Hundeschnauze sich an meiner Hose zu schaffen machte. Wie eine Schlabberzunge meinen Oberschenkel massierte. Die *Frolics*, dämmerte es mir, das war es, was das Vieh wollte.

Wir schafften es nach Hause, Felix und ich, aber Laufen kann man das nicht nennen. Ich fühlte mich wie Clint Eastwood, nachdem er von den Bösen an ein Pferd gebunden und durch die

menschenleeren Straßen von Tombstone geschleift worden war, als abschreckendes Beispiel. Der sich dann halbtot losschneidet und sich zu seiner Liebsten an die Türschwelle schleppt. Sie öffnet die Tür, er fällt ihr in die Arme, sie schluchzt: „Was haben diese Schweine mit dir gemacht?"
Nicht ganz dieselbe Szene bei Familie Laufsau.
„Kannst du nicht einmal mit dem Hund spazieren gehen, wie andere auch? Die Nachbarn rufen schon an!", schimpft die Gattin.
Und versorgt liebevoll meine Blessuren.
Frau Reimers ist beim Arzt hängen geblieben, darum wird der Hund noch bei uns geparkt. Das Abendessen verläuft geruhsam, Felix legt sich unter den Tisch. Irgendwie kuschlig so ein Tierchen, finden die Laufsau, Sohn#1 und Sohn#2. Bis es unter dem Tisch einmal ganz leise „Pffft" macht. Die Nachbarn beobachten kurz darauf, wie alle Fenster im Erdgeschoss bis zum Anschlag aufgerissen werden und Familie Laufsau mit grüner Gesichtsfarbe würgend in den Garten stürmt. Als Frau Reimers Felix abholt, entschuldigt sie sich: „Ich hätte Ihnen sagen sollen, dass er manchmal unter Blähungen leidet!"
Ja, das hätten Sie, gnädige Frau.

Papa, der Trainer

*Mit dem Laufen kann man nicht früh genug beginnen.
Vier ist zum Beispiel ein gutes Alter.*

Mit vier hat man noch Träume. Mit vierzig hat man auch Träume, aber die darf man nicht öffentlich äußern, weil sie entweder nicht jugendfrei sind oder eine Kernschmelze in der Haushaltskasse verursachen. Sohn#1 wurde vor einigen Wochen vier, und bei der Gelegenheit nahm ich ihn zur Seite.

„Sohn#1, dein Vater muss etwas Wichtiges mit dir besprechen!"

Sohn#1 glotzte mich erschrocken an, vermutlich befürchtete er, der Bus ins Kinderheim warte draußen mit laufendem Motor. Keine so abwegige Idee ...

„Sohn#1, deine Knochen sind noch weich, aber dein Wille ist hart wie Stahl. Das weiß jeder, der schon mal versucht hat, dich auf dem Weihnachtsmarkt vom Kinderkarussell zu pflücken. Ich denke, es ist an der Zeit, dass du, wie dein athletischer Vater, an einem Laufwettbewerb teilnimmst."

„Papa, was ist ein Wettbewerb?"

„Ein Wettbewerb, mein Sohn, ist, wenn du und Karlchen Konzelmann von schräg gegenüber und Kevin Brömmer von nebenan nach dem Startschuss um die Wette ins Ziel lauft. Und wenn du nicht als Erster von euch dreien ankommst, bekommst du den Arsch versohlt und eine Woche keinen Nachtisch. Das nennt man Bambini-Lauf."

Das beeindruckte Sohn#1 leider nicht im Geringsten. Erstens weiß er ganz genau, dass sein Hinterteil unangetastet bleibt, und zweitens hat er so einen Hannibal-Lecter-Instinkt – er weiß, wie er mich packen kann.

„Papa, wenn ich gaaaaanz lange laufen soll, will ich auch so tolle Schuhe wie du!"

„Herrgott, der Bambini-Lauf ist 300 Meter lang, da braucht man keine Schuhe für 200 Euro. Die kannst du auch mit deinen Lurchis oder den Crocs laufen."

Aber das hörte Sohn#1 schon nicht mehr, weil er sich inzwischen auf den Boden geworfen hatte, rhythmisch den Kopf aufs Parkett schlug und ohrenbetäubend brüllte: „Ich will Turnschuhe! Ich will Turnschuhe! Ich will Turnschuhe!"

Und das Thema Lurchi hätte ich besser auch nicht angeschnitten, denn nun hieß es sofort: „Ich will Turnschuhe von Lurchi!"

Mein Argument, bei Salamander gäbe es gar keine Turnschuhe, verhallte ungehört. Aus seiner Sicht war der Pakt geschlossen, der Sachverhalt abschließend geklärt, morgen gleich wolle er seine neuen Treter haben.

„Sie wissen aber schon, dass Ihr Sohn da in zwei Wochen wieder rausgewachsen ist?", meint die Verkäuferin im Schuhladen mit hochgezogenen Augenbrauen.

Ich zische ihr durch die halbgeschlossenen Lippen zu: „Egal, bringen Sie mir einfach irgendwelche Turnschuhe und behaupten Sie, das wären Lurchis, wenn er Sie fragt."

„Ein Kind belügen, das ist ja wohl das Letzte", schimpft sie kopfschüttelnd und verschwindet im Lager. Am Ende gehen wir mit einem Paar Puma Kids in knallrot heraus, und es kostet mich all meine Verstellungskünste, Sohn#1 einen Puma für einen Salamander vorzumachen.

Auf das Training verzichten wir, ich bin ja schon froh, dass Sohn#1 mir in der Woche vor dem Lauf nicht vor lauter Aufregung fortwährend ohnmächtig wird. Am großen Tag packen wir die sieben Sachen und wollen gerade ins Auto steigen, da fällt ihm ein: „Papa, wir brauchen noch den Gürtel!"

„Was denn für einen Gürtel? Rutscht dir die Hose?"

„Nein, den Gürtel für den Bauch!"

„Du willst den Brustgurt? Den Pulsmesser? Aber wozu denn? Du musst nur 300 Meter laufen, da springt der Pulsi noch nicht mal an! Nix da, wir müssen los, sonst kommen wir zu spät zum –"

Sohn#1 wirft sich auf den Gehweg, aber bevor er wieder einen Wutanfall bekommt, beschwichtige ich ihn: „Ok, ok, ich hole den Scheißgurt, setz dich endlich ins Auto!"
„Papa, man darf nicht Scheiß sagen."
Und so startet Sohn#1 beim Bambini-Lauf in roten Pumas, die in etwa gleich viel gekostet haben wie meine Hightech-Marathonschuhe. Mit einem Polar Pulscomputer, der so viel gekostet hat wie mein erstes Auto und den ich mit Klebeband an seiner Hühnerbrust befestigen musste, und – ganz stolz – mit einer echten eigenen Startnummer. Tränen schießen mir in die Augen, als er das Ziel erreicht, zehn Minuten nach Kevin und Karlchen, weil er in seinen neuen Schuhen alle 20 Meter hingeschlagen ist. Ich schluchze hemmungslos, als er seine Finisher-Medaille umgehängt bekommt. Und wir beide fressen gemeinsam die letzten Eisvorräte im Dolce Vita leer, Vater und Sohn in trauter Harmonie. Bambini-Lauf 2009, wir kommen.
Nächstes Jahr unter den ersten zehn, verstanden, Sohn#1?

Wie man seinen Puls auf hundertsechzig bringt

Ernsthaftes Lauftraining und Party gehen nicht zusammen. Wenn man das Gesicht nicht verlieren will, bleibt manchmal nur noch das Versteck in den Büschen.

Eigentlich gelten Leute, die sich auf einen Marathon vorbereiten, ja als hoch diszipliniert. Monatelang verzichten sie auf Alkohol, ernähren sich nur von Karottensticks und gekochtem Reis, trinken Apfelschorle und Isostar und sind überhaupt total gesund. Und dann gibt's noch mich.

Ich versuch's ja, ehrlich! Aber es bieten sich immer wieder diese blöden Gelegenheiten, mich in Versuchung zu bringen. Zum Beispiel dieses Wochenende: Einladung zum Vierziger und, weil die Oma freundlicherweise die Kinder hütet, sogar ohne Anhang. Das bedeutet lange aufbleiben, unterhalten in vollständigen Sätzen, ungehemmter Alkoholkonsum, lecker Fressi am Büffet und tanzen bis in den Morgen. Der geneigte Leser ahnt, was kommt ...

Bis halb elf habe ich tatsächlich nur alkoholfreies Bier getrunken – schmeckt nicht schlecht, aber nach fünf oder sechs Flaschen vergeht's einem irgendwann. Das erste Glas Rotwein, sehr lecker. Gleich noch eins. Irgendwann stellt die Gastgeberin eine Flasche Ouzo auf den Tisch. Wenn ich was fürchte, dann Freischnaps auf Partys am späten Abend. Das führt unweigerlich zum Absturz. Daran, dass wir zu Funny Van Dannens „Fruchtfliegen" im freigeräumten Wohnzimmer abgehottet haben, erinnere ich mich noch düster, auch dass die Bullen irgendwann im Flur stehen und ich noch ein freundliches „Moggn, Herr Wachmeisser" rausbringe, während ich zum Kotzen aufs Klo renne, aber dann?

Filmriss.

Ich erwache morgens um elf – Gott sei Dank neben der Gattin.

„Ich dachte, du wärst schon weg.", fragt sie mich.

„Was, ich fahr doch nich' ohne dich heim!"

„Nee, nicht heim, laufen!"

„Was, laufen? Wohin denn?"

„Du wolltest doch heute noch eine Stunde laufen gehen, Training und so. Hast doch extra die Laufsachen mit."

Ich erinnere mich düster. Mein Stolz lässt keinesfalls zu, dass ich kneife.

„Wie spät war's denn gestern?", frage ich.

„Ich war um halb vier im Bett."

Das heißt, bei mir war's sicher mindestens fünf. Au weia, das wird lustig. Rein in die Klamotten, als ich unten in die Küche laufe für ein Morgengetränk, gucken mich alle groß an.

„Wow, gehst du echt laufen? Nach der Nacht? Respekt! Na, viel Spaß dann."

Muahaha, das geht doch runter wie Öl. Losgetrabt, der Pulsi zeigt hundertdreißig. Bin doch grad erst losgelaufen! Am Ende der Straße erwäge ich ernsthaft, mich für eine Stunde im Gebüsch zu verstecken und dann wieder zurückzulaufen. Aber nee, das ist unwürdig. Halt durch Laufsau, wer saufen kann, auch laufen kann!

Ich mach's kurz, die Strecke hatte auch ein paar kleine Steigungen, aber das erklärt nicht meinen Durchschnittspuls von 162. Dafür verantwortlich waren wohl eher fünf Glas Rotwein, ungezählte griechische Schnäpse, spät ins Bett und wenig Schlaf und dann war es auch noch tierisch heiß. Gesund ist das jedenfalls nicht. Als ich zurückkomme, sitzen die anderen beim Frühstück und schlemmen. Ich lasse mich mit hochroter Birne auf einen Stuhl fallen.

„Na, du siehst ja ganz schön fertig aus", kommt es aus der Runde.

„Tja, ist ganz schön heiß", erwidere ich verschlagen, gehe zum Kühlschrank und mache mir erst mal ein Bier auf, ein alkoholfreies natürlich.

Schmeckt doch gar nicht so schlecht, das Zeug. Steht immerhin „isotonisch" drauf.

Warnung vor dem Kinde

Eigentlich wollte ich ja nur mal kurz die Muskeln aufwärmen. Eine kleine Runde, ein halbes Stündchen lockeres Traben durch den Wiesengrund. Als ich wieder daheim war, hatte ich nasse Füße und eine Mordsbeule an der Stirn.

Gestern kurz nach dem Mittagessen. Kaum bin ich laufmäßig angekleidet, versuche ich mich aus dem Haus zu schleichen. Jedoch – Gattins Laufscanner springt an. Der Laufscanner ist ein besonderer Bereich im Gehirn, den es nur bei Ehefrauen von Marathonläufern gibt, er liegt irgendwo zwischen den vorderen Stirnlappen. Ähnlich wie die Lorenzinischen Ampullen, die dem Hai beim Aufspüren und Identifizieren seiner Beute helfen, können Gattinnen damit „Beute" aufspüren. Mit Beute meine ich in diesem Falle mich. Den zu allem bereiten Marathonaspiranten. Der eigentlich weder Zeit noch Lust hat, Laufbegleitung im Kinderwagen mitzunehmen.

„Säulein? Wenn du eh grad rausgehst, kannst du Sohn#2 im Kinderwagen mitnehmen, damit der seinen Mittagsschlaf machen kann?"

Kann ich nicht, verstanden, Rosa Klebb, ich bin PROFI!

„Klar, Schnuppilein, gar kein Problem!", flöte ich zurück. Und hab den kleinen Scheißer am Hals. Erwähnte ich, dass der Kinderwagen kein Jogger ist, vier dreckverkrustete statt drei Leichtlauf-Räder hat und eher einem russischen Geländewagen ähnelt als einem englischen Roadster? Der Vorteil an dem Stahlkoloss ist, man kann gar nicht zu schnell laufen, außer man ist Panzergrenadier beim Bund. Insofern das richtige Training für mich heute.

Gestern hat es geregnet, übergestern auch, die Piste ist die reinste Dreckschleuder. Kinderwagenräder haben ja die unangenehme Eigenschaft, immer noch mehr Dreck anzuziehen. Da bildet sich ein stetig wachsender Matschring um das Profil herum, so wird das Schieben immer anstrengender.

Sohn#2 hingegen ist putzmunter. Schlafen? I wo! Wenn ich schon mal in den Wald darf mit Papa, dann will ich doch auch was erleben. Und mich unterhalten. Jawohl, Sohn#2 hat vor kurzem angefangen zu sprechen. Toll!

Wir haben nur noch nicht rausgefunden, welche Sprache. Etwas Slawisches vermutlich. Nicht selten zeigt er mit dem Finger auf irgendwas Undefinierbares und quasselt los: „Brrrrrfzzzmalablblbaaaaduduuudoodi." A-ha! Ein Auto? Ein Vogel! Nein – die Katze? Egal.

Wir zuckeln also durch den Wald, es fängt wieder an zu nieseln, der Himmel verdunkelt sich. Plötzlich gestikuliert Sohn#2 wild: „Meee! Meee! Meee!"

Was meint er denn bloß, frage ich mich und stehe im nächsten Moment bis zu den Knöcheln in einer tiefen Pfütze. Pfütze kann man das eigentlich nicht mehr nennen, das ist schon eher ein kleiner See. Oder ein Meer. Meer?

„Meee", ruft Sohn#2 wieder.

Oh Gott, hat er „Meer" gesagt? Sein erstes richtiges Wort. Obwohl: Sein erstes richtiges Wort war „Bäh". Das muss er die letzten Tage häufig hören, weil er in der Küche immer den Mülleimer aufklappt und den Inhalt in der Küche verstreut.

„Bäh, Sohn#2, das ist Bäh!"

Ich schweife schon wieder ab. Also da stehen wir nun mitten im Wald im Regen, Sohn#2 krakeelend und ich mit nassen Botten. Hilft nix, Laufsau, es geht weiter. Schmatz, schmatz. Das sind meine Füße, in den Laufschuhen, wenn das Wasser rausgedrückt wird. E-kel-haft. Aber mein Kleiner kann schon „Meer" sagen. Wahnsinn.

Wenige Meter später schreit er wieder los: „Meee! Meee! Meee!" und zeigt nach vorne.

Toll, so eine Warnsirene. Ich stiere auf den Boden, muss unbedingt der nächsten Pfütze ausweichen, da tut es einen Schlag und mir schnalzt ein oberarmdicker Ast volle Kanne ans Hirn. Hölle, tut das weh. Tom und Jerry sehen Sterne, wenn sie eins an den

Kopf kriegen, jetzt weiß ich, warum. Als ich mich wieder aufrapple, deutet Sohn#2 voller Begeisterung auf den Ast: „Meee!"
Aha. „Meee" heißt also „Pfütze" und „Ast". Wahrscheinlich heißt „Meee" GAR NICHTS, sondern ist nur ein Ausruf der Freude, des Erstaunens, der allgemeinen Fröhlichkeit.

So, jetzt ist gut für heute, wir drehen um. Kurz bevor wir vom Feldweg wieder ins Wohngebiet einbiegen, fällt von unserem Schützenpanzer Leopard das hintere linke Rad ab. Einfach so. Und lässt sich partout nicht wieder draufstecken. Holländisches Glump. So traben wir locker der Heimat entgegen: Ein nasser Vater mit Stirnbeule und dreckstarrenden, schmatzenden Schuhen, der eine Schlammspur hinter sich herzieht, eiert mit einem demolierten, dreirädrigen Kinderwagen die Straße runter.

Drin sitzt ein Eineinhalbjähriger laut brüllend: „Meee! Meee! Meee!"

Freu ich mich auf mein Hefe.

Armageddon

Magnete sind magnetisch, Steine nicht. Das lernt man in der Grundschule. Aber es stimmt nicht, denn die Laufsau ist ein Steinmagnet.

Nichts ahnend schwebt die Laufsau übers Feld. Leichtfüßig wie eine Gazelle springt sie Schritt um Schritt vorwärts, frohen Mutes und gut gelaunt. Ich bin im Rhythmus, eins mit mir und meiner Umgebung, durchströmt von Endorphinen und roten Blutkörperchen, Letztere prall gefüllt mit Sauerstoff. Gerade steuere ich eine neue Bewusstseinsebene an, da fühle ich es knapp unterhalb der Achillessehne. Das unangenehme Gefühl wandert hinab, in den Schaft des Schuhs hinein, immer weiter nach unten, dann spüre ich es an der Ferse. Und dann ist es weg. Nein, ich rede nicht von einer Muskelzerrung oder einer vorübergehenden Sehnenentzündung oder Knochenhautreizung. Ich rede von einem Stein im Schuh. Das Läufer-Armageddon. Schlimm genug, wenn einem so was im Training passiert, aber im Wettkampf? Bei km 28 im Marathon? Nicht auszudenken. Da ist man im schönsten Flow und der blöde Stein bringt einen völlig aus dem Konzept.

Wir Läufer sind ja im Grunde unseres Herzens Optimisten. Zum Beispiel wenn es darum geht, bei der Anmeldung die Finish-Zeit zu schätzen, damit man im richtigen Startblock landet, knapp hinter Haile oder Waldemar, je nach Altersklasse. Oder wenn man der Gattin erklärt, man wolle nur kurz im Laufshop des Vertrauens ein paar Socken holen. Oder wenn man beim Laufen denkt: „Ach, wegen der paar Meter bis daheim halt ich nicht an und hol den Stein raus." Aber diese kleinen Biester sind heimtückisch. Mal sind sie da, dann wieder weg. Sie wandern im Schuh herum, von hinten nach vorne, von links nach rechts, von oben nach unten. Und dann verschwinden sie wieder spurlos. Wenn man zu Hause den Schuh ausschüttelt, sind sie einfach weg, in Luft aufgelöst. Unheimlich, das. Beim Laufen mit Stein im Schuh unterscheidet die Laufsau drei Phasen:

- Phase 1 / Ignoranzphase: Man spürt den Stein gelegentlich, versucht aber, ihn zu ignorieren. Erfordert große Willensanstrengung. Meistens versteckt sich das Biest jedoch unter der Einlage, so ist es erträglich. Klarer Vorteil für Träger von orthopädischen Einlagen.
- Phase 2 / Aktive Phase: Ignorieren ist nicht mehr. Man versucht, den Stein in eine angenehmere Position zu schütteln, so dass man wieder in Phase 1 zurückkehren kann. In dieser Phase hält einen die Umwelt gelinde gesagt für merkwürdig. Kein Wunder, denn ein Läufer, der immer abwechselnd rennt und hüpft, dabei mit wutverzerrtem Gesicht ein Bein wild herumschlenkert, sieht alles andere als normal aus.
- Phase 3 / Resignationsphase: Anhalten, hinsetzen, Schuh öffnen, Stein herausschütteln, falls auffindbar, dann Stein ordentlich beschimpfen.

Mir passiert das andauernd. Ich befürchte, ich leide unter einem besonders seltenen Fall von steinmagnetisierten Fußsohlen, so oft muss ich anhalten, um die Schuhe auszuleeren. Vielleicht liegt es an meinem Laufstil? So eine Art rückwärts gewandte Schaufelbewegung, die mir Steine in den Schuh lupft? Vielleicht bin ich ja auch, ohne es zu wissen, ein Schottergott und die kleinen spitzen Steinchen lieben mich so, dass sie am liebsten in meine Schuhe hüpfen, um mir zu huldigen? Der Scheff hat eine ganz pragmatische Erklärung dafür: Ich würde hauptsächlich auf Schotterwegen laufen, und da läge, das sei dem Namen geschuldet, eben besonders viel Schotter herum.

Aber das ist mir zu einfach. Dann lieber Steinmagnet.

Der Mann aus Baiern

Nein, der Titel enthält keinen Schreibfehler. Die Laufsau bekommt Besuch aus dem Süden. Eine Visite mit Folgen.

Einmal im Jahr holt mich meine Vergangenheit ein, und sie heißt FOSSIE. Florian Forster mit bürgerlichem Namen, aber in unseren gemeinsamen Tagen als Zivis in einer Anstalt für schwer erziehbare Jungs im beschaulichen Örtchen Baiern nannte ihn niemand so, für alle war er nur „der Fossie".

Fossie war eine sehr merkwürdige Mischung aus 50 % Allgäuer Bergbauer und 50 % Sid Vicious. Mit einem so dermaßen fiesen Idiom, dass man nur die Augen zu schließen brauchte, um im Geiste die frischgezapfte Maß, den Chinesenturm und den Teller mit Radi stehen zu sehen. Mit einer Plattensammlung, zu der nebst Biermösl Blosn und Hans Söllner so ziemlich alle Scheiben von den Sex Pistols, The Clash, The Damned oder Crass gehörten. Hingegen ganz der Bayer aus dem Bilderbuch, braute er in der Küche sein eigenes Bier, welches dann bei gigantischen Saufgelagen mit vielen Freunden und ebenso vielen Joints seiner Bestimmung zugeführt wurde. An Brautagen roch es in unserer Zivi-WG wie im Weißen Bräuhaus im „Tal" in München. Und um das viele Bier lagern zu können, hatte Fossie in seinem winzigen WG-Zimmer neben einem Hauptkühlschrank (meistens leer) noch 3 Nebenkühlschränke (meistens voll), deren einziger Zweck es war, die unglaublichen Mengen an Weißbier und Bock bis zur nächsten Orgie fachmännisch zu lagern und zu kühlen. Außer der Matratze, ein paar Postern und der Plattensammlung hatte in dem Zimmer neben den Kühlschränken nichts mehr Platz. Vor dem Hintergrund seiner Jugendsünden ist es umso verwunderlicher, dass Fossie ein ganz ordentlicher Läufer ist. Manche Leute haben es eben einfach in den Genen, da kann die Laufsau sich noch so strecken.

Und eben dieser Fossie taucht ungefähr einmal im Jahr bei Familie Laufsau auf. Steht einfach Freitagabend vor der Tür, mit Seesack, Kühltasche und iPod, mit seiner nunmehr schütteren Stachelfrisur, seinen Springerstiefeln und der Lederjacke über dem Hanfpullover.

„So a blede Schnepfn", sind seine ersten Worte.

Fossie taucht immer dann bei uns auf, wenn ihn seine aktuelle Freundin abserviert hat. Das geschieht meistens kurz vor dem Tag der Deutschen Einheit, damit seine „Schnepfn" direkt im Anschluss mit ihrem Neuen ins verlängerte Wochenende juckeln kann.

„So a dumme Zickn, i hob des scho g'ahnt, dass die an neuen Stecha hot!", schimpft er, während er die XXL-Kühlbox in den Hauseingang rollt.

Der Fossie ist – wie die meisten Bayern – nicht nur ein offener Anarchist, sondern auch zutiefst misstrauisch. Und er weiß, was sich für einen Überraschungsgast gehört. Darum führt er auf Reisen neben seinem selbstgebrauten Bier immer ausreichend Münchner Weißwürschtl mit sich.

„Vom Vinzenz Murr, woaßtas eh, des san die bestn!"

Als es den Hendlmayer Senf noch nicht in jedem Edeka gab, hatte er auch den noch im Gepäck, aber das konnte ich ihm bald ausreden.

„Der Fossie! Wahnsinn!", rufe ich verzückt und hole die Gattin herbei. „Der Fossie ist wieder da!"

Die Gattin mag den Fossie, aber nicht seine vulgäre Ausdrucksweise, denn sie befürchtet einen schlechten Einfluss auf Sohn#1. Nicht zu Unrecht, Sohn#1 ist zurzeit besonders empfänglich für vulgäre Ausdrucksweisen und gibt sie besonders gerne beim Abendbrot zum Besten: „Sohn#1, darf ich dir noch etwas Wurst oder Käse zu deiner Brezn reichen?"

„Scheiße Kacka Pipi Arschloch, Papa."

„Rauf in dein Zimmer, Sohn#1!"

Wenn der Fossie Familie Laufsau überfällt, wird's immer lustig. Fossie und die Laufsau trinken im Kreise der Familie Samstag in der Früh das Weißbier, essen die Weißwürschtl mit frischen Brezn und dem guten Hendlmayer Senf und – gehen dann laufen, die große Runde. Niemand hat jemals behauptet, das sei gesund, aber dauernd müssen wir zwischendrin stehen bleiben vor Lachen oder zum Pinkeln oder weil uns schlecht ist von den Würsten und dem Bier.

Einfach wunderbar! Neben dem Marathon der zweite Höhepunkt des Läuferjahrs.

Die Gattin zwingt mich dann immer, ein Handy mitzuführen: „Falls einer von euch einen Herzinfarkt beim Laufen kriegt."

Weit draußen auf dem Feld hat Fossie plötzlich seine übelste Verschwörermiene aufgesetzt.

„I hob a geils Zeug dabei."

Ich stelle mich gedanklich auf einen Riesenjoint unerhörten Ausmaßes ein, den ich jetzt mit ihm rauchen muss, aber Fossie zieht eine kleine silberne Dose aus der Tasche seiner Laufhose und hält sie mir hin. Auf meinen fragenden Blick hin lacht er.

„Des is nur was für echt harte Kerle!"

Jetzt macht er mich aber neugierig, der Fossie. In der Dose befindet sich ein krümeliges braunes Pulver. Schnupftabak.

„Naja, eine Prise halt, und?", sage ich.

„Des is a Spezialmischung, i hob da so an Typen in Harlaching, der is echt guad! Jetz zoag amoi, was'd aushoitn konnst." Auffordernd hält er mir die Dose hin.

Der Fossie ist ein Tier. Wenn der einem so was anbietet, ist höchste Vorsicht angebracht. Er hatte mich auch mal in jungen Jahren einen Esslöffel Sambal Oelek pur essen lassen, der Saukerl („Des is ganz a feine Sossn, probier amoi!"). Den darauf folgenden Veitstanz hab ich den Rest meines Lebens nicht vergessen.

Und nun bot er mir Schnupftabak an – Spezialmischung. Aber ich konnte nicht mehr zurück. Und außerdem, hier draußen bekam sowieso niemand mit, wenn ich mich zum Affen machte. Also legten wir uns beide eine Line auf den Handrücken und saugten gierig das braune Pulver ein.

Erst mal passierte gar nichts. Dann begann ein Ziehen zwischen den Augen, das sich langsam in alle Richtungen ausbreitete. Und dann explodierte mein Kopf.

Nein, es fühlte sich nicht an, als ob mein Kopf explodierte, er explodierte wirklich. Mein ganzes Bewusstsein war nur noch

Schmerz und Brennen und Tränen und grelles Licht. Ich warf mich zu Boden, wälzte mich im Dreck und versuchte mit beiden Händen, mir die Nase auszureißen, den Quell all diesen Leidens. Vergebens. Aber so schnell, wie ich von diesem olfaktorischen ICE überrollt wurde, war er auch schon wieder weg. Fossie und ich blickten uns tränenden Auges an.

„Da Wahnsinn, des Zeug, oda? Is doch geil, oder was sagst jetzt du?"

Dem konnte ich nur beipflichten, so einen Trip hatte ich in meinem ganzen Leben noch nicht geworfen. Ob es an der verbesserten Sauerstoffaufnahme in der Nase lag oder an Fossies Hasenqualitäten: Schneller hab ich die große Runde nie mehr geschafft. Und das trotz Bier und Würsten.

Die Gattin staunte nicht schlecht, als wir heulend, schniefend und mit braungekrümelten Nasen wieder zu Hause eintrudelten, aber sie hatte genug Taktgefühl, nicht nachzufragen. Als Fossie uns am nächsten Tag aus dem Fenster seines alten Strich-Achter Benz zum Abschied winkt, verdrückt nicht nur Sohn#1 eine Träne, denn wer liefert ihm jetzt neues Material für seine Schimpftiraden?

Bis nächstes Jahr, Fossie, du Mann aus Baiern, bis nächstes Jahr.

Power Running

Die Laufsau darf nach England. Dort ist alles anders als zu Hause. Und vor allem – schneller.

Jeden Monat darf ich einmal globaler Weltbürger spielen. Dann schickt mich mein Chef für zwei Tage nach England, damit ich mich mit den Kollegen austausche. Und der Marathoni rastet nicht, also Laufschuhe eingepackt, damit ich nicht roste. Herrgott, sind die Dinger verdreckt! Ich glaube, die haben noch nie eine Waschmaschine von innen gesehen. Naja, muss man sich nicht wundern, wenn man nur ein Paar hat und die bevorzugte Laufstrecke übers Feld führt ...

Gestern Abend also im Hotel. Das ist so ein globaler Schuppen, wenn man im Zimmer steht, weiß man schon nicht mehr, ob man in London ist oder Singapur oder Chicago, sieht alles gleich aus. Egal, immerhin haben sie ein Gym (= Fitnessraum), und da das Hotel ganz neu eröffnet wurde, ist alles noch super in Schuss. Im Schutz der Dunkelheit ziehe ich meine Dreckmauken an, sonst schmeißen die mich hier noch raus, wenn die die Schuhe sehen. Rauf aufs Laufband. Wie fühle ich mich heute? Ich frage meinen inneren Schweinehund: „He, Schweini, superhomo sum?"

„Wauwau", was wohl heißen soll: „Ich bin super in Form, gib's mir."

Typischer Läufer, wie ich bin, letzte Woche faul rumgelegen, weil krank, also in die Vollen heute. Rauf aufs Laufband, Mann, sind das viele Knöpfe hier, da lob ich mir die freie Natur: Du läufst einfach los und die Landschaft zieht an dir vorbei, ganz ohne dass du eine Maschine in Gang setzt.

Gewicht eingeben (schummel schummel), Zeit: 90 Minuten, steht so im Plan, wirklich! Geschwindigkeit: Heute sollen's 10 km/h sein, immerhin will ich ja mein Debüt in 4:15 laufen.

Also tipp 1, tipp 0 und START. So ein Laufband ist auch deswegen nett, weil du nicht deine Körpermasse bewegen musst, sondern nur die Beine vor und zurück, da kann man dann auch ein bisschen schneller. Band läuft los, schneller, schneller, so, das Tempo wäre genehm. Sind aber erst 4 Stundenkilometer. Moment mal, so langsam gehe ich normalerweise spazieren, hier ist das schon Traben. Schneller, immer schneller wird das Laufband, bin bei 6,5 Stundenkilometer, au weia, das ist aber heftig hier. Bei 8 fange ich an zu keuchen, das kann ja wohl nicht sein. Ich habe zwar eine leichte Erkältung, aber so fertig bin ich ja nun nicht. Als die Geschwindigkeit 10,0 anzeigt, renne ich wie ein Vollgestörter mit hochroter Birne auf einem fliegenden Teppich. Prima, schon 3 Minuten geschafft, bleiben nur noch 87. Nach weiteren 2 Minuten zeigt der Pulsometer 178 an, Tendenz steigend.

Zeit für eine Zwischenfrage: Kann eine Pulsuhr überlastet werden? Schmelzen? Explodieren? Man stellt sich da gerne eine Waage vor, auf die einer mit 180 Kilo draufsteigt, worauf sie aufplatzt und die Sprungfedern raushüpfen.

Langsam kriege ich echte Atemnot. Mein Schnaufen dröhnt so laut durch die Hotelflure, dass kurze Zeit später die Tür aufspringt und eine wohlgeformte junge Dame hereinstürmt, den Defibrillator schon unter dem Arm, und mich mit besorgtem Blick taxiert.

„Sir, is everything ok? Can I help you?"

Ich will antworten, aber die Luft bleibt mir weg, außerdem lässt meine Konzentration einen Moment nach und ich setze einen Schritt aus, und das ist ungefähr die Zeit, die das Laufband braucht, um mich an der Lady vorbei nach hinten zu schieben. Und dann falle ich mit einem saublöden Gesichtsausdruck hinten vom Laufband runter und sitze völlig bedröppelt auf dem Hintern.

Als ich wieder stehen kann, erkläre ich ihr, dass mit dem Laufband irgendwas nicht in Ordnung ist, das würde viel zu schnell laufen, ich wüsste genau, wie viel 10 Stundenkilometer seien, und das sei sicher viel schneller gewesen. Worauf sie entgegnet, wir seien ja hier in England, und da wären das 10 Meilen pro Stunde und nicht 10 Kilometer, und das Laufband sei sicher nicht kaputt, und ihr Gesichtsausdruck besagt: „Du blöder Kraut solltest vielleicht vorher mal die Bedienungsanleitung lesen."

10 Meilen pro Stunde sind 16,9 Kilometer pro Stunde. Hätte ich das 90 Minuten durchgehalten, würde ich nicht hier sitzen und schreiben, sondern wäre gerade auf dem Rückweg von Peking. Naja, fast, aber für einen Marathon weit unter drei Stunden würde es reichen. Kein Wunder, dass mir die Puste ausgeht.

Meine Medaillenfantasien werden rüde unterbrochen, denn die Zicke mustert mich von oben bis unten und fügt hinzu, mit Straßenschuhen dürfe ich sowieso nicht ins Gym, ich solle doch zukünftig bitte saubere Schuhe mitbringen.

Schwabendöner

Die Schwaben sind für ihre deftige und bodenständige Küche bekannt. Was der Laufsau aber diesmal auf den Teller kam, sprengt die Vorstellungskraft.

Das Bundesverkehrsministerium will gegen die Flut von Verkehrsschildern auf deutschen Straßen vorgehen. Lese ich im SPIEGEL. Dem ADAC zufolge sind rund ein Drittel der Schilder überflüssig.

„Wir müssen alles an Schildern einsammeln, was unnötig ist", sagte ein Sprecher des Bundesverkehrsministeriums der *Berliner Zeitung*.

Hallo? Und was ist mit uns Läufern? Ist außer mir schon mal jemandem aufgefallen, an wie vielen unsinnigen, ja grausamen Schildern ich bei einem 15-km-Lauf am Sonntag vorbeimuss? Ganz besonders grausam, wenn man vor dem Sonntagsbraten läuft?

„Achtung Elektrozaun"
„Freiberg 15 km"
„Biergarten geöffnet"
„Döner – 100m →"

Moment mal. „Döner – 100m"? Hatte ich heute schon meine Aminosäuren? Gut, dass ich immer einen Notgroschen im Verpflegungsgürtel mitführe. Und 100 Meter Umweg kann ich grad noch verkraften. Der Weg zur Dönerbude führt über eine Fußgängerbrücke, die ächzt schon jetzt verdächtig beim Überqueren. Vielleicht nehme ich für den Rückweg lieber die Fähre. Die Dönerbude kommt in Sicht, ein feines Düftchen steigt der Laufsau in den Rüssel.

Laufsau zum Dönermann: „Einmal Döner mit allem, scharf, extra Zwiebeln und extra Soße."

„Im Fladenbrot?"

„Ja, ich ess es gleich hier."
„Mit allem?"
„Ja." (Hört der schlecht?)
„Zwiebeln?"
„Jaha." (JesusMariaUndJosef?)
„Scharf?"
„JaJaJa." (Halllooooo?)
„Joghurtsoße?"
Laufsau (resigniert): „Mmmpffh."
„Spätzle dazu?"
Laufsau (blicke mich vorsichtig nach der versteckten Kamera um – nichts): „Wie bitte?"
„Möchten Sie Spätzle dazu?"
„Spätzle. Im Döner. Meinen Sie das ernst?"
„Ist unsere Spezialität. Döner mit Spätzle. Sehr lecker."
Laufsau, fassungslos kopfschüttelnd: „Na gut, also rein mit den Spätzle."

Dreifuffzich ist ein fairer Preis für einen Döner im Fladenbrot, finde ich. Vor allem, mit extra Spätzle. Neben mir steht ein Steppke und guckt mir hungrig zu, wie ich grad in den Döner reinbeißen will.

„Mein Papa sagt, Döner macht dick", grinst er mich an.

Du weißt genau, wie du mich kriegen kannst, du kleiner Satansbraten, denke ich. Ich blicke zum Döner, schön in Alu eingewickelt, zu meinem Ranzen, zu ihm. Drücke ihm den Döner in die Hand.

„Guten Appetit und schönen Gruß an deinen Vater."

Noch 11 Kilometer bis Zwiebelrostbraten. Mit Spätzle.

Nachtrag des Autors: Im Jahre 2012 erhielt ich per E-Mail die Anfrage einer überregionalen Boulevardzeitung, wo sich besagter Dönerstand befinde. Man beabsichtige, eine Reportage darüber zu verfassen.

Wo ist der Schlüssel, ja wo denn?

Die Laufsau braucht dringend Kohlehydrate.
Und bekommt stattdessen Eiweiß.

Das Carboloading wird einem aber manchmal auch wirklich schwer gemacht. Heute zum Beispiel sollte es Kartoffel-Lauch-Creme mit Wiener Würstchen geben. Betonung auf sollte. Um einen Eintopf in eine Cremesuppe zu verwandeln, braucht man nämlich einen Pürierstab. Haben wir auch, ist aber im Kruschtschränkle links unten in der Küche verstaut. Das Kruschtschränkle ist ein kleines Schränkle voller Kruscht, darum heißt es Kruschtschränkle. Die scharfen Sachen, also Messer, Hobel, Schneidewerkzeuge von Küchengeräten befinden sich hinter einer verschlossenen Tür, damit Sohn#2, der mit seinen eineinhalb Jahren voll auf scharfe Sachen steht, nicht rangeht. Schlauerweise steckt der Schlüssel für diese Tür mit dem hochgefährlichen Inhalt im Schloss. Und Sohn#2 ist ein Käpsele. Das denken natürlich alle Eltern über ihre Kinder, aber bei unserem ist es wahr! Als der Lauch-Kartoffeltopf jedenfalls fertig ist für die Transformation in eine veritable Creme, ist der Schlüssel verschwunden. Zwei Erwachsene kriechen wie die Deppen durch die Küche, sehen nach unter Einbauschränken, freistehenden Schränken, in Altpapiertonnen, im Biomüll, kurz: überall, wo sich ein drei Zentimeter langer, unscheinbar brauner Schlüssel verstecken kann. Ratlos blicken wir uns an. Derweil Sohn#2 neugierig dem Treiben zusieht, geht mir ein Licht auf. Ich beuge mich runter und sehe Sohn#2 mit dem Ernst des strengen Vaters ins Gesicht. Der aber grinst mich dermaßen fies an, dass mir eins völlig klar ist: Wenn einer weiß, wo der Schlüssel ist, dann dieser junge Mann.

„Sohn#2, wo ist der Schlüssel?"

Keine Reaktion, außer … grinst er jetzt nicht noch ein bisschen fieser?

„Sohn#2, zeig dem Papi mal, wo der Schlüssel ist. Der SCHLÜSSEL!"

Ich zeige auf den Schrank. Sohn#2 trippelt los. Wackelt ins Wohnzimmer. Legt sich vors Bücherregal und guckt drunter. Ich ebenfalls – nichts. Nächste Station Klavier. Drunter ist – wieder nichts. Langsam dämmert mir, dass ich hier zum Narren gehalten werde. Der zeigt mir nicht, wo er den Schlüssel versteckt hat, der äfft mich nach. Bis wir endlich am Kinderregal angelangt sind.

Sohn#2 legt sich auf den Bauch, zeigt mit dem Zeigefinger unters Brett und ruft: „Da, da, da!"

Endlich. Ich greife in die Lücke und ziehe heraus: eine tote Libelle. Na danke. Die darf Sohn#2 zum Spielen behalten. Die Transformation zur Kartoffelcreme erfolgte dann mittels Kartoffelstampfer. Ich rate von der Nachahmung aber ab, es dauert einfach zu lange. Als endlich das Mittagessen auf dem Tisch steht, sitzt Sohn#2 schon im Hochstühlchen, selber reingeklettert (so ein begabtes Kind). Ich blicke ihn resigniert an und stutze. Aus seinem Mundwinkel spitzt ein kleiner Libellenflügel heraus. Und er kaut noch.

Gesegnete Mahlzeit.

Der Toni holt mich zum Laufen ab

Wenn man beim Laufen nicht seiner Ex über den Weg laufen will, muss man eben einen Umweg machen.

Mein Kumpel Toni holt mich zum Laufen ab. Toni ist Küchenverkäufer, fährt einen Q7 (er war mehrfach Küchenverkäufer des Monats, und dann gehörte ihm der Küchenladen plötzlich eines Tages und der alte Besitzer war mysteriöserweise verschwunden) und geht erst laufen, seit sein Internist ihm am Tischkalender auf das Silvesterblatt ein großes schwarzes Kreuz gemalt hat. Wenn der Toni bis zu diesem Tage noch keinem Schlaganfall anheimgefallen sei, meinte er, würde er seinen Kassensitz zurückgeben und Einsiedler werden, so auffällig seien Tonis Blutwerte. Keine halbe Stunde später war ich als „Personal Trainer" engagiert. Nicht dass mich IRGENDETWAS dafür qualifizieren würde, aber in seiner Verzweiflung griff der arme Toni zum nächstbesten Strohhalm.

Toni steht also mit laufendem Motor vor dem Haus. Ich raffe das Nötigste zusammen und springe in das zweieinhalb Tonnen schwere Manager-Ungetüm. Und stutze.

„Ich denke, wir wollen laufen?", frage ich.

„Klar laufen wir", erwidert Toni mit vielsagendem Blick, „aber nicht hier."

Und ich erfahre, dass Toni unbedingt vermeiden will, auf meiner Hausstrecke seiner Ex über den Weg zu laufen. Weil die einerseits nicht wissen muss, dass ihr Exmann in einem Jahr 50 Kilo zugenommen hat, und er war vorher schon nicht gerade schlank. Ist halt ein bisschen eitel, der Toni. Und weil sie andererseits nicht seinen neuen V12er Q7 sehen muss, sonst könnte der Scheidungsrichter noch auf die Idee kommen, dass Toni's Küchenstudio doch nicht nur Verlust abwirft und er sich vielleicht einfach nur vor den Unterhaltszahlungen drückt. Ist halt schon ein kleines Arschloch, der Toni. Außerdem hat er sich gleich mal voll informiert und weiß, dass die schönste Laufstrecke im Strohgäu gleich um die Ecke liegt.

„Nur ein Katzensprung über die A81!"

Er fährt auf die Autobahn. Drückt einmal kurz das Gaspedal bis zum Boden durch, vier Sekunden von 60 auf 100, mein Magen hängt irgendwo auf der Rückbank. Und dann kommt der Stau, keinen Kilometer nach der Ausfahrt. Toni steigt in die Eisen.

„Karbon-Keramik-Bremsanlage", sagt er lässig.

Mein Magen saust nach vorne an die Stoßstange. Tja, aus seiner zigtausend Euro teuren Dolby-Surround-Anlage erfahren wir dann, dass wir mitten in einem 16-Kilometer-Stau stehen, Ferienbeginn, Unfall, Totalsperrung. Und da sitzen wir nun fest in unseren Funktionsklamotten. Dabei wollten wir einfach nur mal 'ne halbe Stunde laufen gehen. Aber der Toni wäre nicht der Toni, wenn er sich das einfach so gefallen ließe. Schert rechts aus, legt den Rückwärtsgang rein.

Ich rufe entsetzt: „Was machst du denn da?"

„Bis zur Ausfahrt war's nur ein Kilometer, sieht doch niemand!"

Niemand bis auf den Bullenwagen, der uns kurz hinter der Ausfahrt mit Blaulicht in Empfang nimmt. Ich gebe die Konversation zwischen den Herren in Uniform und dem Toni hier nicht wieder, aber das Fazit war kurz und knackig:

- Toni: Lappen weg, Auto weg (weil seine Alte das dann eben doch mitgekriegt hat), Anzeige wegen Beamtenbeleidigung.
- Laufsau: heute nix gelaufen.
- Gattin: guckt sehr erstaunt, als Toni und Laufsau mit dem Taxi heimkommen.

Auf den Schreck mussten wir erst mal ein Bierchen stemmen. Morgen probieren wir es wieder, der Toni und ich. Auf der Hausstrecke.

Offener Brief an Herrn und Frau Polar

*Lieber Herr Polar, liebe Frau Polar
(wie heißen Sie eigentlich mit Vornamen?)!*

Ich war einige Jahre Besitzer eines sehr einfachen Herzfrequenzmessers Ihrer Marke. Dieser zeichnete sich durch folgende Charakteristika aus:
1. Er war idiotensicher zu bedienen und hatte nur zwei Knöpfe, die ich allerdings nie zu drücken das Vergnügen hatte. Denn meine Pulsuhr konnte man durch pure Bewegung steuern. Einmal an den Brustgurt gehalten – hoppla, da ging es auch schon los mit Zeit- und Pulsmessung. Im Dunkeln einfach nochmals an den Brustgurt gehalten, schon leuchtete die Anzeige und zeigte mir die Uhrzeit an. Wenn fertig mit Training, Zeit ablesen, abnehmen, weglegen, vergessen bis zum nächsten Lauf. Einfacher geht's nun wirklich nicht.
2. Der Brustgurt hatte eine Stabilität wie aus deutscher Buche geschnitzt (leider auch die Biegsamkeit).
3. Das Design war klassisch einfach, eine Junghans-Uhr aus den Achtzigern hatte das gleiche Flair.
4. Die Verpackung besaß die Größe eines Reclamheftes.

Natürlich gab es auch das eine oder andere Problemchen, das will ich hier gar nicht verschweigen. Lief ich z. B. unter einer Hochspannungsleitung durch, passierte einen anderen Läufer, kam in die Nähe eines Flusses oder Kraftwerkes oder querte sonst irgendetwas Ungewöhnliches, dann stieg mein Puls – laut Pulsuhr – unerklärlicherweise binnen Sekunden von 130 auf 789, um dann ebenso schnell auf 21 abzusinken. Mein Kardiologe war alles andere als begeistert, so viel darf ich sagen. Dummerweise ist man hier im Württembergischen am Neckar quasi umzingelt von Hochspannungsleitungen, Kraftwerken, Flüssen und, ja, auch anderen Joggern. Von sonstigen ungewöhnlichen Einflüssen ganz zu schweigen. Aber unter optimalen Bedingungen funktionierte Ihr Produkt wie ein finnisches Uhrwerk.

Nun gab mein Weggefährte neulich den Geist auf, und nicht einmal ein Batteriewechsel konnte ihn wieder zum Leben erwecken. Woraufhin ich ein neues Modell Ihrer Fabrikation erwarb, zu etwa dem zehnfachen Preis meines alten „Fiat 127" – wenn ich mir diesen Vergleich erlauben darf. Der Unterschied könnte nicht größer sein. Die Monsterverpackung, die der freundliche Mann von DHL mit einer Sackkarre in unseren Hausflur wuchtete, ebenfalls nicht. War jener ein platonischer, unaufgeregter Nutzgegenstand, um von A nach A zu kommen (in der Regel kommt man ja beim Training wieder da an, wo man losgelaufen ist, außer man verläuft sich), so war ich mit diesem nun in einen Audi A8 eingestiegen. Ich muss hier kurz erwähnen, dass ich von Beruf Programmierer bin, und die sind dafür bekannt, dass sie nichts von Technik verstehen. Es erklärt sich von selbst, dass für so jemanden ein Auto mit dem Werbeslogan „Vorsprung durch Technik" ein Hindernis darstellt. Ganz abgesehen davon, dass mich die Uhr, und das weiß ich sicher, nicht schneller gemacht hat. Und das suggeriert die Werbung doch, nicht nur die von Audi.

Also mein größtes Problem mit diesem kleinen Computerding ist, dass es da so einen Haufen OWNs gibt, aber nicht die, die ich brauche.

Zum Beispiel gibt es eine OwnZone. Ist sicher voll innovativ, aber genauso wie OwnCal, OwnCode und OwnOptimizer hab ich keinen blassen Schimmer, was das eigentlich ist, diese OwnZone. Ich will's auch irgendwie gar nicht wissen, aber ich finde es schon ärgerlich, wenn mich Ihre Uhr einmal in der Woche fragt, ob ich irgendeins von diesen OWN-Dingelchen prüfen oder einstellen will. Da kriegt man ja gleich ein ganz schlechtes Gewissen, wenn man NICHT will.

„Also, Herr Laufsau, Sie wollen die 4-Stunden-Grenze knacken und kennen nicht mal Ihre OwnZone? Oh je, oh je."

Ja, und dann fehlen mir, nicht nur in Ihrer Uhr, sondern auch in meinem Leben, ein paar ganz wichtige OWNs! Zum Beispiel:

OWNMONEY: Seit ich mich Familienoberhaupt nennen darf, komme ich mir vor wie eins von diesen grauenhaft Akkordeon dudelnden Zigeunerkindern in der Fußgängerzone: An der Pforte zum Familien-Wohnwagen darf ich die ergatterten Almosen des Tages abgeben, die in irgendwelchen dunklen Kanälen verschwinden (auf dem Girokonto sind sie jedenfalls nur sehr kurz), für Kost und Logis wird jedoch gesorgt.

OWNBEDROOM: Das Wort Privatsphäre. Welch Wohlklang. Welch Prickeln auf der Haut. Die Erinnerung daran schmerzt. Wenn Sohn#2 im Kinderbettchen nebenan nicht mitten im schönsten Gefummel aufwacht und nach Milch verlangt, dann ruft sicher fünf Minuten später Sohn#1 aus dem Kinderzimmer: „Papa, ich hab Durst."

Und eine Antwort kann ich dann definitiv nicht geben: „Ich komme gleich!"

OWNFOOD / OWNDESSERT: Seit 2 Jahren habe ich keinen Nachtisch mehr ganz alleine essen dürfen.

„Papa, darf ich mal von deinem Eisbecher?" (Sohn#1)
„Dada, mjamjam !!!" (Sohn#2).

Das wünsche ich mir am meisten, eine Pannacotta mit Erdbeersoße, nur für mich allein. Und dann noch eine ...

OWNCAR: Der große Musikwissenschaftler R. Fendrich hinterließ uns in einem Interview einmal diese Wahrheit: „Mit zunehmendem Alter und wachsender Familiengröße wird das Auto vorne immer kürzer und hinten immer länger."

Ich wollte nie einen Kombi. Schon gar keinen Golf. Aber ich musste. In den Karmann Ghia gingen die Kindersitze ums Verrecken nicht rein. Vielleicht mache ich noch mal eine Erbschaft, dann kaufe ich mir ein Auto, kein Transportmittel. Eins, in dem man sich nicht in ein Gemisch aus Keksbröseln, getrockneten Blättern, zerplatzten Luftballons und abgeschabter Straßenkreide setzen muss, um loszufahren. In meinem Auto werden alle diese Sachen strengstens verboten sein. Nur eines darf da rein: Die Sporttasche mit den Funktionsklamotten, den Hightech-Laufschuhen und dem Laufcomputer.

OWNTOILET: Auf dem Klo in Ruhe Zeitung lesen, das wär's. Stattdessen muss ich beim Verrichten der Notdurft mit der Gattin den Einkaufszettel diskutieren, mit Sohn#1 „Der fröhliche Bauernhof" spielen und Sohn#2 daran hindern, sich mit der elektrischen Zahnbürste zu massakrieren.

In diesem Sinne erwarte ich noch viele Innovationen aus Ihrem Hause, besonders für gestresste, laufwütige Familienväter.

Läuferische Grüße,

Ihre Laufsau

Flatulenz am Feldweg

Chili Con Carne ist lecker. Darin befinden sich außer Hackfleisch aber auch Bohnen – kaum das richtige Material, wenn man auf der Hausstrecke nicht auffallen will.

Normalerweise ist mir das ja alles total egal. Die Nachbarn wissen es schon, dass ich, wenn mir nicht gerade ein Ei aus der Hose hängt, meine Billig-Funktionsklamotten oder meine missratenen Kinder im demolierten Quinny auslüfte. In der Regel begegnen mir auch auf meiner Hausstrecke kaum andere Leute. Außer den Senioren, die regelmäßig aus dem nahen Pflegeheim ausbüxen, um ihre Walking-Stöcke über den Kiesboden zu schleifen. Da sind mir die Golden Girls lieber, die ihre altersschwachen Köter zum Kacken auf die Wiese führen. Im Winter räumen die Tölen mit ihren Hängebäuchen die Wege vom Schnee frei, und um Jogger zu beißen, sind die viel zu langsam (also die Hunde, nicht die alten Damen).

Aber diesmal, ausgerechnet diesmal, wo ich drei Teller Chili gegessen habe, kommt mir jemand entgegen. Mir rumort es ja schon länger teuflisch im Untergeschoss, und da kommt es dann wieder, dieses Gefühl. Wenn man sich ganz doll zusammenreißen muss, um sich nicht danebenzubenehmen und es kaum kontrollieren kann. Wenn Mann zum Beispiel nichts ahnend am FKK-Strand liegt und da trudeln dann plötzlich diese zwei Grazien Anfang zwanzig ein, platzieren sich direkt vor einem und reißen sich die Klamotten vom Astralkörper; am Anfang denkst du immer nur 14+17=31, 21+78=99, aber irgendwann hilft die ganze Zählerei nicht mehr, und dann gibst du dich geschlagen und verbringst den Rest des Nachmittags in Bauchlage oder im Wasser. Oder du sitzt im Flieger, und im Flieger krieg ich immer Blähungen. Keine Ahnung, ob das am Höhenunterschied liegt, am Unterdruck oder an dem gesunden Essen. Da kannst du dich zusammennehmen, wie du willst, irgendwann macht's „pffft". Selbst wenn man nichts hört, riechen kann man es ganz bestimmt, und in einem Flieger riecht es nicht nur der Nebenmann. Du wartest nur noch auf die Durchsage aus dem Cockpit: „Sehr geehrte Damen und Herren, Ladies and Gentlemen, this is your captain speaking. Aufgrund ungewöhnlich starker Geruchsentwicklung in der Passagierkabine sind wir gezwungen, auf dem Flughafen von Rejkjavik notzulanden. Für diejenigen Passagiere, die noch schnell ihren Kontostand überprüfen wollen …"

Mir kommt also jemand entgegen, und ich denke nur noch: „Nicht pupsen, nicht pupsen, nicht pupsen!" und: „Hoffentlich ist es niemand, den ich kenne."

Und dann kommt sie. Anfang dreißig, blonder geht's nicht, unsere Nachbarin drei Häuser weiter. Wie eine Gazelle federt sie mit leichtem Fuß in ihrem sexy Outfit. Shake your booty. Sie erkennt mich, lächelt mir zu. Ich lächle zurück, schwebe gerade noch an ihr vorbei und dann fährt mir einer aus, dass die Blätter von den Bäumen fallen. Na gut, es ist Oktober und die Blätter fallen sowieso von den Bäumen, aber das war kein natürlicher Blattverlust. Hinter mir ein überraschter Aufschrei, aber ich sehe mich nicht um. Ich biege ab in den Wald, um mich zu verstecken, mich einzugraben in ein Schlammloch, so lange, bis meine Birne nicht mehr rot wie eine Tomate ist.

Ich begegne meiner Nachbarin gelegentlich auf der Straße oder in der Stadt und sie lächelt mich dann immer verschwörerisch an. Die Gattin schöpft Verdacht und betrachtet mich von der Seite.

„Was guckt die denn so?"

„Keine Ahnung", sage ich, „vielleicht steht die auf mich?"

Ich hab jetzt auch MBTs

Die Ordnung der Geschlechter ist auf den Kopf gestellt: Die Laufsau gibt mehr Geld für Schuhe aus als die Gattin.

Es war ein klassischer Bauernfängertrick. Ein Angebot, zu verführerisch, um wahr zu sein, flatterte der Laufsau in den Briefkasten: „Treuebonus! Für Ihre langjährige Kundentreue belohnen wir Sie: Video-Laufstilanalyse für nur 30 Euro. Gültig nur bis 15. Dezember."
    Absender: der ortsansässige Orthopädiekettenoligarch.
    Eine Laufstilanalyse mit Video. Das fehlte mir noch in meiner Sammlung. Ich bin ja schon aus vielerlei Gründen aufs Laufband gestiegen. Um neue Schuhe zu testen. Um meine Laktatwerte zu messen. Ja sogar, um wahrhaftig zu trainieren. Aber um meinen Laufstil zu bestimmen? Echt crazy. Aber was konnte schlimmstenfalls dabei herauskommen? Dass ich keinen Stil habe. Das sehe ich selber täglich im Spiegel, dafür brauche ich keinen Orthopädiefachangestellten. Egal, die 30 Euro sind gut investiert, denke ich mir und mache einen Termin im Einlagentempel.
    Es stellt sich heraus, dass die Laufstilanalyse vom Juniorchef persönlich durchgeführt wird. Der ist nicht nur Mitglied der Lokalprominenz, sondern auch noch ein begnadeter Amateur-Athlet. Beim Citylauf darf er den Hinterbacken der eingekauften Alibi-Kenianer noch eine ganze Zeit hinterhergucken, während Ausnahmesportler wie die Laufsau die Jungs einmal kurz um die Ecke huschen sehen und dann sind sie weg. Ich sehe die nicht mal mehr bei der Siegerehrung auf dem Treppchen stehen, geschweige denn das Treppchen selbst, das ist bei meinem Zieleinlauf nämlich schon lange abgebaut. Zurück zum Füßegucker. Erster Laufsaufehler: Wenn man irgendjemanden an seine Füße lassen muss, sollte man sich diese vorher gründlich waschen. Total vergessen.

„Ziehen Sie mal die Socken aus!", befiehlt der Analyst.
Verdammt.
„Was wollen Sie denn mit meinen Füßen? Ich denke, das wird eine Laufstilanalyse?", jammere ich kleinlaut.
„Ausziehen!"
Na, das ist mal eine Ansage. Ein bisschen kalt ist es schon an den Zehen, als ich vor dem weit geöffneten Fenster auf der Maschine laufe, aber ich kann den Mann ja verstehen. Das Ergebnis ist niederschmetternd.
„Sie haben eine total falsche Haltung", erklärt der Spezialist. „Sehen Sie mal hier auf dem Video, Sie hängen da ja ganz schief herum, Rückenmuskeln haben Sie jedenfalls keine."
„Ja, und was kann ich da machen?"
„Ich drucke Ihnen mal eine Liste mit Kraftübungen aus, die machen Sie jeden Tag zwei Mal!", heißt es.
Die Liste hat 25 Seiten, mit 20 Übungen schön in Farbe dargestellt und ausführlich beschrieben.
„Aber da brauche ich ja Stunden, um die alle zu machen! Wann soll ich denn da noch arbeiten?"
„Wollen Sie schneller laufen oder mehr arbeiten?", feixt er.
Gemeine Fangfrage. Schneller laufen natürlich, aber noch mehr Sport, noch mehr Schwitzen? Nein, keinesfalls.
„Gibt's noch eine Alternative zu den Übungen?"
In seinen Augen leuchtet ein Schimmer.
„Na ja, nicht wirklich, es sei denn ... kennen Sie MBTs?"
Ich kenne MTBs, BTM und sogar TCM, aber MBT habe ich noch nie gehört. Fünf Minuten später stehe ich in einem Paar Riesentreter mit halbrunder Gummisohle, die mich glatte 10 Zentimeter höher machen. Stehen kann man das eigentlich gar nicht nennen, man schaukelt permanent vor und zurück, mir ist schon ganz schummerig von dem Gewumsel. MBT steht für Masai Barfuß Technologie, drei Begriffe, die absolut nicht zur Laufsau passen:
- Masai: sind groß, schön, schwarz, schlank und schnell. Die Laufsau ist – eben das genaue Gegenteil.
- Barfuß: na, ich gebe doch nicht 130 Euro für Sportschuhe aus und laufe dann barfuß herum.
- Technologie: damit habe ich es ja nun überhaupt nicht.

Bequem sind sie schon, die MBTs, aber sehr gewöhnungsbedürftig.

„Was kosten die Dinger denn?", frage ich leichtsinnig und schwanke langsam vor und zurück.

„Oh, ‚die Dinger' sind gerade im Angebot: 210 Euro."

Heilige Maria Mutter Gottes. Zweihundertzehn Euro! Für ein paar Turnschuhe! Ok, für ein paar Turnschuhe, die einen zehn Zentimeter höher machen und mit viel Fantasie auch noch schön, schwarz, schlank und schnell.

„Die sind aber schon ein bisschen teuer, Chef ...", entgegne ich vorsichtig.

„Die oder die Übungen. Sonst haben Sie in drei Jahren den ersten Bandscheibenvorfall!", kommandiert der Herr Ober-Orthopädiefachangestellter. „Also gut, ich geb Ihnen die Analyse 10 Euro billiger. Zufrieden?"

Eijeijei, jetzt setzt er mich aber echt unter Druck.

„Sie brauchen sie nicht einzupacken. Ich lasse sie gleich an", antworte ich, zücke die Karte und beeile mich, das Geschäft zu verlassen.

30 Euro wollte ich ausgeben. 230 Euro sind daraus geworden. Wie erklär ich das nur der Gattin?

Der Geheimtipp

Die Laufsau wollte mal wieder einen auf Geheimtipp machen, aber der Schuss ging nach hinten los.

Ich wollte mal wieder einen auf Geheimtipp machen. Alle anderen vernünftigen Läufer geben ein paar Euro aus und nehmen sich gescheites isotonisches Brausepulver oder Zuckergels auf den Weg mit. Nur die Laufsau denkt sich: „Ich mach mal was geil Innovatives, was noch keiner jemals vor mir probiert hat, damit kann ich super punkten."

Gesagt, getan. *Elotrans* oder *Oralpädon* nimmt man eigentlich bei Durchfall, um den Mineralstoffhaushalt wieder in Schuss zu bringen. Die Laufsau denkt sich, was bei Amöbenruhr hilft, das kommt doch bestimmt auch prima beim Dauerlauf und ist sicher viel billiger als die ganzen Hightech-Pülverchen aus dem Laufshop meines Vertrauens. Eigentlich muss man das Tütchen ja mit 200 ml Wasser mischen, aber ich kipp's einfach in meine Riesen-Trinkflasche, frei nach dem Motto: Viel hilft viel. Der erste Schluck nach 5 km war ausreichend, um zu erkennen: Schwerer Fehler! Schon als 0,2l-Version erinnert einen der Drink unangenehm an Zitronentee mit Salz. Jetzt stelle man sich versalzenen Zitronentee zehnfach verdünnt vor. Lecker. Kommt in der Bekömmlichkeitshitliste auf Platz zwei, direkt nach der Eigenurinbehandlung. Wenn's einem dann ab Kilometer 27 so richtig mies geht, kann man ein Sportgetränk, das einem grad wieder hochkommt, gut gebrauchen. Nur gut, dass mein Magen recht robust ist, die Laufsau trinkt sogar das Isozeugs an den Verpflegungsstellen bei Volksläufen, ohne dass ihr schlecht wird.

In diesem Sinne heißt der Tipp vom Hobby-Oecotrophologen Porcinus Veltrus: Apfelschorle ist das beste Sportgetränk.

Was für'n Tag, und es ist noch nicht mal elf

Sprudler explodiert, Mikrowelle versaut, Espressomaschine abgekackt. Das ist in etwa das Fazit dessen, was sich heute Morgen in der Küche abgespielt hat. Aber der Reihe nach.

Ich befinde mich ja nun in der sehr wichtigen Regenerationsphase direkt vor dem Marathon. Das bedeutet, ich darf alles machen, was ich mir die letzten Wochen schwer verkneifen musste, solange es nicht dick macht. Ein hoffnungsloses Unterfangen, wie mir gestern Abend schnell klar wurde. Da fand nämlich das Vorbereitungstreffen der angehenden Marathonis im Lauftreff statt. In einer „Wirtschaft". Eine „Wirtschaft" ist in etwa so was wie ein Restaurant, aber man kann das Essen auf dem Teller nicht übersehen.

Mein Wurstsalat zum Beispiel war eine maßstabsgetreue Nachbildung des Nanga Parbat, 28 Tote auf 100 Besteigungsversuche – praktisch unbezwingbar. Die original „Wirtschaft" braut zusätzlich noch ihr eigenes Bier, Hefeweizen in der Regel, welches wegen ungefiltert und Wiesn-Sonder-Edition ungefähr 20 Mal so viel Kalorien hat wie normales Weißbier aus der Flasche. Auf einem Bein kann man nicht joggen, sagt der Scheff und bestellt für alle noch 'ne Runde. Und noch eine. Also am Ende gehe ich mit vier (oder waren's fünf?) Beinen heim, meine Kohlenhydratspeicher sind randvoll. Meine Leberzellen ebenfalls. Der ist jetzt ein bisschen platt, aber ehrlich: Statt Lauftreff sollte es Sauftreff heißen.

So viele Kohlenhydrate sind im Prinzip ok, außer sie wandern nachts in den Schädel und verursachen einen unangenehmen Innendruck, und mit diesem Kater wache ich dann morgens auf. Und jetzt kommt der interessante Teil. Männer können ja nicht mehrere Dinge gleichzeitig tun oder gar beim Tun einer Sache

an was ganz anderes denken. Ich probier's immer wieder, aber es führt unweigerlich ins Chaos. Eigentlich wollte ich ja nur den Rat des Scheffs befolgen:
a) viel trinken
b) sich's gutgehen lassen

Drei Liter Apfelschorle täglich hab ich mir vorgenommen. Der Weg dahin führt über den Coolmax, einen heiligen Wassersprudler, der banales Hahnenburger in Evian verwandelt. Sofern die Gasflasche voll ist. War sie aber nicht. Statt eines satten Pfffooarzzzz (das Zeichen, dass die Flasche unter Druck steht) entweicht nur ein flaches Pfffft, so in etwa das Geräusch bei ... aber lassen wir das.

Gutgehen lassen heißt bei mir, Cappuccino bis zum Abwinken. Und mit Cappuccino meine ich weder Krügers Krokant Cappuccino Fertigpulver zum Anrühren mit heißem Wasser noch dünnen Filterkaffee mit Sprühsahnehaube. Cappuccino gibt's bei uns mit geschäumter Milch und Espresso aus der Siebträgermaschine. Das erfordert motorische Fertigkeiten, über die ich mit 41 und einem Fünf-Weißbier-Kater morgens um neun nicht mehr verfüge.

Die Probleme entstanden, als ich versuchte Sprudel (a) und Kaffee (b) gleichzeitig zuzubereiten. Das Gas war alle, also musste ich den Zylinder wechseln, Niemand sagte mir, dass man dazu die halb gesprudelte Wasserflasche besser rausnimmt. Ich schraub den leeren Zylinder ab und oben beginnt das Wasser rauszutrielen. Ich denk mir, ach ja, da war noch was in der Leitung. Aber es läuft und läuft. Irgendwann ist die Wasserflasche leer und eine Riesenlache auf der Arbeitsplatte, und dann macht's Peng und irgendein Teil vom Sprudler fatzt ab und ich hab keine Ahnung, wohin das gehört.

Währenddessen dreht sich die Milch für den Cappuccino in der Mikrowelle. Was passiert mit einer Tasse Milch bei 1200 Watt in der Mikrowelle? Nein, die wird nicht heiß. Die wird erst heiß, und dann gibt's eine Verpuffungsexplosion. Jedenfalls wenn man die Milch drei Minuten drin lässt. War so nicht geplant, eigentlich hab ich das im Gefühl, wann die Milch fertig ist, aber ich war, nun ja, abgelenkt ...

Fünf Minuten später fliegt mir dann bei der Espressomaschine mitten im schönsten Durchlaufen bei 15 Bar Wasserdruck der Siebträger raus und das flüssige Kaffeemehl verteilt sich überall in der schönen weißen Küche. Und das reicht mir dann auch. Rauf ins Büro, verstecken, bis die Gattin kommt, zum Aufräumen fehlt mir leider die Zeit, soooo viel zu tun heute.

Eine halbe Stunde später, die Gattin kehrt vom Einkauf zurück, gellt ein Schrei durchs Haus.

„Was zum Teufel hast du mit der Küche gemacht?"

Kleinlaut rufe ich hinunter: „Kann grad nicht, bin mitten in einer Telefonkonferenz!", und vergrabe mich noch tiefer in mein Trainingstagebuch …

Der Neger aus Kurpfalz

Ich laufe jetzt mit Radio.
Nein, korrekterweise muss es heißen, ich lief.

Ich wollte ja am liebsten einen MP3-Spieler mit Hörbüchern, aber für was Ordentliches reicht mein Taschengeld nicht. Muss noch mal bei Gattin vorsprechen für Weihnachten. Aber da war doch noch dieses kleine Teil irgendwo in einem Winkel meiner Schreibtisch-Schublade, ein Werbegeschenk: ein Miniradio mit Kopfhörern, der ideale Begleiter für einsame Waldläufe. Kaum habe ich das Dingelchen in Betrieb genommen, stelle ich fest, es empfängt nur einen Sender: SWR3. Prinzipiell ok, will mich ja hier nicht über die Qualität von Rundfunk und Fernsehen auslassen, das dürfen andere tun. Aber kaum hab ich meinen Rhythmus gefunden, kommt was von PUR.

Also nichts gegen PUR, jeder, wie er mag, aber ich find die scheiße. Ich hasse PUR. PURer Mist sozusagen. Der Einzige, der PUR noch toppen kann, ist Xavier Naidoo.

Nach PUR spielt SWR3 heute gleich die Neue von Xavier Naidoo.

Also das war's dann mit Musik beim Laufen. Bin ich blöde? Das muss ich mir nicht antun.

Ruhe!

Beim Abendbrot klage ich der Familie mein Leid. Sohn#1 hört mit.

„Papa, was ist Nadu?"

„Was ist was?"

„Nadu. Klavier Nadu."

„Ach du meinst Xavier Naidoo! Das ist ein Sänger. Wenn mal was von dem im Radio kommt, sag ich's dir."

Ich hab den Satz kaum fertig, da spielen sie den Jammerlappen schon wieder. Ich drehe lauter.

„Sohn #1, das ist Xavier Naidoo."

„Papa, warum weint der Mann?"

„Weil er 'ne Heulsuse ist."

Seitdem kräht Sohn #1 jedes Mal, wenn Xavier im Radio losträllert: „Heulsuse, Heulsuse."

Kinder sind doch was Wundervolles.

BillyBoy

Kondome und Powergel haben so einiges gemeinsam.
Im Ernstfall sollte man sie aber nicht verwechseln.

Ist eigentlich schon mal jemandem aufgefallen, dass die Verpackung eines bestimmten Kohlehydratgels verdächtig ähnlich wie eine Kondomtüte aussieht? Fühlt sich auch ganz ähnlich an und hat den gleichen Knisterfaktor. An der Oberseite ist dann auch noch so ein Pümpfelchen, man kann sich leicht vorstellen, dass da das Reservoir ... aber lassen wir das.

Jedenfalls mit meiner überbordenden Fantasie stelle ich mir vor, wie der (oder die) Marathoni(a), wie immer mit Riesenhektik aus dem Büro gestürmt, schnellschnell umgezogen, den Versorgungsgürtel packt. Mist, wo waren noch mal die Gels? Suchsuch, raschelraschel, ach ja hier, in der Schlafzimmerkommode. Reinstopfen, losrennen. Zwei Stunden später: Es läuft gut, die Sonne scheint, wäre mal Zeit für eine Ladung Zucker. Irgendwie kriegt man die Packungen ja nie aus dem Laufgürtel raus, vor allem nicht, wenn man sich gleichzeitig darauf konzentrieren muss, nicht in irgendwas reinzutreten und auch noch das Mordstempo beizubehalten, das man sich heute vorgenommen hat. Endlich gleitet die Tüte heraus. Genau angucken tut die ja keiner. Also aufreißen, Mund auf ...

Es soll ja auch Kondome mit Geschmack geben.

Und nun zu etwas ganz anderem: Zu einer zünftigen Marathonvorbereitung gehören ja auch die langen Läufe. Und die heißen nicht etwa lange Läufe, weil sie lang sind, sondern weil sie brutal lang sind. Außerdem sollten sie auch langweilige Läufe heißen, weil einem nach zweieinhalb Stunden partout nichts Vernünftiges mehr einfällt, eigentlich fällt einem gar nichts mehr ein.

Brutal langweilige lange Läufe also.

Wenn man dann nicht mal ein Taschenradio dabei hat, na dann gute Nacht. Jedenfalls, gestern in der Laufgruppe waren dreißig Kilometer angesagt. Ich wiederhole das noch einmal: DREI.SSIG.KILO.METER!
DREI.HEI.SSIG!
Das ist dreimal zehn und zehn mal drei und einfach kotzig lang. Hat jemand behauptet, Marathon sei gesund? Depp.

Ich kann mich noch gut erinnern, wenn man öfter läuft, vielleicht auch mal einen Halbmarathon geschafft hat, dann kommt irgendwann die Frage: „Ist der Marathon dein Ziel?"

Darauf ich immer: „Nee du, Marathon ist voll ungesund, das geht auf die Gelenke und so. Ich bin doch nicht verrückt."

Bis ich letztes Jahr verrückt wurde. Und mich für Köln angemeldet habe. Ich Narr. Hätte ich damals schon gewusst, wie man sich nach 30 Kilometern fühlt, im Leben hätte ich das nicht gemacht. Obwohl, heute ging's mir eigentlich wieder ganz ok, mal vom Schüttelfrost abgesehen und davon, dass ich die zwei Treppen ins Büro nur rückwärts hinaufgehen konnte. So muss ich wohl komplett ohne Kaffee arbeiten, denn die Kaffeemaschine steht im Erdgeschoss und den ersten Versuch, die Treppe runterzukommen, musste ich abbrechen. Mittags probiere ich es noch mal.

Die dreißig Kilometer also, die waren okay bis Kilometer 20 (gefühlte Kilometer: 21). Dann wurde es, gelinde gesagt, etwas mühsam. Bei 25 (gefühlt 45) hatte ich ein kurzes Zwischenhoch, das ist wahrscheinlich so ein Männerding, à la: „Laufsau, du Hengst, zeig's den Schwachmaten da hinten, leg noch mal einen Spurt ein."

Also setze ich mich an die Spitze, laufe so hundert, zweihundert Meter vor den anderen her. Schwerer Fehler. Bei 25,5 (8743) wird mir schlecht. Komm, Laufsau, nicht rumschwächeln, du willst doch der Hengst sein. Aber es hilft nix, der Hengst lahmt. Sattel runter, Fell bürsten, ein letzter Apfel – Notschlachtung. Der Scheff holt mich bei 27 ein (198945583472938).

„Wie geht's?", erkundigt er sich.

Sehe ich aus, als ob's mir geht?

„Jetzt fängt das richtige Marathontraining an", will er mich aufmuntern.

Bitte was? Hätten wir da nicht direkt hier einsteigen und das Vorspiel weglassen können? Oder noch so'n Spruch: „Das ist heute der wichtigste Lauf in der Vorbereitung."

Na klar ist das der wichtigste Lauf, hab nämlich gerade ganz wichtig entschieden, dass dies der einzige Marathon meiner Läuferkarriere sein wird. Auf den letzten zwei Kilometern liegen alle 250 Meter Schwellen auf der Straße, damit die Autos nicht zu schnell fahren. Aber nein, die Dinger sind jedes Mal weiter weg! Einstein hatte recht mit der Raum-Zeit-Ausdehnung!

Bei 29,5 habe ich eine Erleuchtung: „Marathontraining ist ganz simpel: Wenn es richtig wehtut, musst du einfach noch 2 Stunden weiterlaufen."

Was soll ich sagen, irgendwann kommen wir an. Ich bin nicht der Einzige, der jetzt am liebsten mal schön kotzen würde, aber man will sich ja keine Blöße geben. Richtig sprechen kann hier auch keiner mehr. Schnell noch ein „Tschüs, bis nächste Woche" rausgewürgt. Super, nächste Woche die gleiche Scheiße, was freu ich mich da drauf. Jetzt könnte ich eine Ladung Zucker vertragen! Moment mal, da war doch noch was. Reißverschluss auf, Tütchen rausgeholt. Aufreißen, Mund auf – mmmmhhhh, die reinste Zuckerexplosion. Kohlehydratgel, kann ich echt empfehlen. Aber nicht verwechseln.

Wetter scheiße, Ziel erreicht

Wie die Laufsau Halluzinationen bekommt und endlich ein Marathonläufer wird.

Sollen sie doch gucken. Mich für verrückt halten. Den Kopf schütteln ob der Narretei. Ist mir KOM-PLETT E-GAL.

Ich bin jetzt ein Marathoni und alle dürfen es wissen. Klar, es kommt nicht alle Tage vor, dass ein Typ mit nach drei Tage altem Schweiß stinkenden Marathonklamotten in der Bank auftaucht und Geld am Schalter abheben will. Klar könnte ich das am Automaten machen, oder mal die Klamotten wechseln. Aber der Bankomat fragt mich nicht: „Was haben Sie denn da für 'ne tolle Goldmedaille umhängen? Und diese Startnummer, wo haben Sie die denn geklaut?"

Dem kann ich dann nicht mit stolzgeschwellter Brust erklären: „Hab ich im Marathon gewonnen! In Köln. Und das ging so ...", und ihm dann eine brutale Story reindrücken, jeden einzelnen Kilometer aufzählen und beschreiben, wie's mir dann ging und wie's den anderen ging, bis sie die Polizei holen oder die Typen mit der Zwangsjacke.

Ok, das mit den Klamotten ist erfunden, aber die Medaille, ich schwör's, die hat seit Sonntag 16 Uhr meinen Hals nicht verlassen. Nicht auf dem Klo, nicht zum Schlafen, nicht zu gar nix. Ich hatte schon einen bösen Disput mit Sohn#1, der den heiligen Umhänger abgreifen wollte, aber da wurde ich richtig bissig: „Kusch, der gehört dem PAPA GANZ ALLEINE!"

Ich hab's mir schwer verdient und bin gebührend stolz drauf. Es war hart, und mir tun immer noch alle Knochen weh (nicht nur die im Fuß), aber im Ziel ging es mir so gut, ich bin geistig schon in Berlin oder Frankfurt oder Hamburg nächstes Jahr. Und hier nun eine Kurzzusammenfassung des Rennens in Köln:

km 0: Der Wetterbericht ließ ja nichts Gutes hoffen, aber wenigstens bis zum Startschuss ist es trocken. Da drängeln sich dann 10.000 Läufer in ichweißnichwievielen Startblocks und es sieht ein bisschen so aus wie 5.000 Supermans kurz vor der Umkleideaktion in der Telefonzelle. Alle sind eingehüllt in uralte Pullis und Hosen zum Wegwerfen und das Rote Kreuz freut sich über die Kleiderspende. Dazu kommen 5.000 Müllsäcke (gesponsert von einer großen Laufshopkette) mit Beinen. Einer von den verkleideten Supermans hatte übrigens wirklich ein Supermankostüm drunter, der flog später dann bei km 30 an mir vorbei. Der Countdown läuft, der Schuss hallt – und Petrus drückt auf die Taste vom himmlischen Spülkasten. Toll, nächstes Mal starte ich in Bangladesh im Monsun, schlimmer kann das nicht mehr werden. Ich Blödmann reiße mir nach dem Startschuss sofort den alten orangen Bhaghwan-Pulli vom Leib und – warte. Bis sich 10.000 Läufer in Gruppen über die Startmatte geschoben haben, gehen nämlich ein paar Viertelstunden ins Land, und diese Zeit reicht aus, um schon nass geregnet zu werden. Naja, beim nächsten Mal weiß ich es besser. Piepiep, geht's über die Matte und los geht's, Laufsau, jetzt läufst du deinen ersten Marathon.

km 1: Läuft super, ich bin noch gar nicht müde.

km 10: Ich hab Hunger. Heute Morgen, in all dem Stress mit den Kindern, hat es nicht für mehr als ein Brot mit Honig und ein Stück Apfel gereicht. Mist, was mach ich jetzt? Prompt steht ein freundlicher Kölner im Affenkostüm am Straßenrand und knabbert an einer Banane. Zack, weg ist die Banane, gut dass ich vor drei Wochen noch das eine oder andere Tempotraining eingeschoben habe, der kommt mir so schnell nicht hinterher. Hungerproblem gelöst.

km 11: Die haben hier Zitronentee an den Verpflegungsstellen, köstlich. Das Zeug hab ich zum letzten Mal 1981 getrunken. Es ist das perfekte Marathongetränk. Man soll ja nicht experimentieren, rät einem jeder, aber in dem Fall war das eine goldrichtige Entscheidung. Mir geht's richtig gut mit all dem Zuckerzeugs. Es gießt in Strömen. Naja, wenigstens kann's nicht mehr schlimmer werden.

km 12: Es wird schlimmer. Zum Regen kommen jetzt noch Sturmböen. Eine von denen erzeugt so eine kleine Windhose, die einen Haufen leerer Plastikbecher in die Luft wirbelt. Ich konnte einem heranfliegenden Bechergeschoss grad noch ausweichen. Aber der Wind macht mich schneller, jedenfalls solange er von hinten kommt.

km 15: Hinter mir ertönt Geklingel. „Vorsicht da vorne, Fahrrad!", ruft es von hinten. Wie bitte? Das ist eine Marathonstrecke hier, da dürfen keine Fahrradfahrer – ich gucke mich um, hinter mir zwei Witzbolde mit Fahrradklingel am Handgelenk, lachen sich kringelig über jeden, der ihnen auf den Leim geht. Unter anderem über mich.

km 19: Die Stimmung ist an manchen Stellen grandios. So grandios, dass ich bis km 21 brauche, um den Tinnitus wieder loszuwerden.

km 21: Gattin steht mit Kindern und Freunden und Powergels am Straßenrand und feuert mich an. Ich bin ein Held, seht mich alle an! In mir reift eine Erkenntnis: Jetzt fängt der Marathon an. Das bis jetzt, das war bloß das Vorspiel. Ich kann langsam wieder hören.

km 25: Ich beginne zu halluzinieren. Werde von einem Mann auf einem Strauß und einer Gruppe Funkenmariechen überholt. Was war in dem Zitronentee noch drin?

km 30: Ich werde von Superman überholt. Kein Schluck Zitronentee mehr, ich schwör's. Leichte Verhärtung im Oberschenkel. Ich gehe ein bisschen runter vom Gas.

km 35: Werfe mein erstes Powergel ein, spüle runter mit Cola und RedBull. Wenn das nicht hilft, hilft nix mehr.

km 36: Verliere den Bodenkontakt, vielleicht hätte ich das mit dem RedBull doch bleiben lassen sollen. Aber mir wird langsam klar, dass es zum Umdrehen nun zu spät ist.

km 37: Laufe an einem Kilometerschild „38" vorbei. Grenzenlose Begeisterung! Irgendwie habe ich 2 Kilometer in der Zeit für einen geschafft. RedBull verleiht eben doch Flügel. Verdammt, das war die grüne km-Anzeige für die Skater. Mein blaues 37er-Schild kommt grad um die Ecke. Die Strecke ist falsch vermessen, die Abstände zwischen den Kilometermarken werden immer länger. Komm, Laufsau, du hast für die Medaille bezahlt, nun hol sie dir.

km 38: Jetzt geht es in die Innenstadt hinein, die Stimmung kocht. Wenn man so auf den Lärm zuläuft, hat man das Gefühl, es geht direkt in einen Orkan hinein. Ich weiß, es sind nur noch 25 Minuten, das Schlimmste ist geschafft. Mann, tun mir die Haxen weh!

km 40: Ich laufe durch die Altstadtgassen, vor mir tut sich ein Platz auf, und der Kölner Dom erhebt sich majestätisch vor meinen Augen. Jetzt muss ich ein bisschen weinen vor Rührung. Das Ziel ist zum Greifen nah. Ein Kölner Original greift einem anderen Läufer, der vom Laufen ins Gehen wechselt, unter die Arme: „Jitz nit aufgeben!", und zieht ihn mit sich. Wir sind alle eine große Familie. Schluchz.

km 41: Wenn ich den Typen zwischen die Finger kriege, der die Deutzer Brücke zwischen Dom und Messe gebaut hat! Das muss doch nun echt nicht sein, dass ich auf meinem letzten Kilometer vor dem Ziel noch mal den Berg rauf muss! Stöhn, ächz, klapper. Da, da, ich kann es sehen, das Ziel. Das Ziel! DAS ZIEL!

km 42: Zieleinlauf. Die Fotoapparate blitzen, durch die Gasse voller Zuschauer geht's hin zum Zieltor. Piep. Matte. Schluss. Fertig. Ich hab's geschafft, ich bin jetzt ein echter Marathonläufer. Medaille um, Wurstbrot rein, Erdinger Alkoholfrei runter. Hab einen Gesichtskrampf vom Grinsen. Treffe die anderen aus der Laufgruppe im Ziel, was für ein schöner Zufall. Alle sind gesund und munter. Auf der Bühne sehe ich Mr. Strauß, Superman und die Funkenmariechen, wie sie gerade die Preise für die Kostümwertung entgegennehmen. Kippe noch einen Zitronentee hinterher, das Zeug schmeckt einfach gut.

Tja, so war das. Die Medaille baumelt mir immer noch vom Hals. Vor lauter Endorphinen konnte ich seit heute Morgen um sechs nicht mehr schlafen. Hoffentlich hält das noch ein bisschen an, das Gefühl, es ist einfach zu schön. Hab bei eBay einen thailändischen Zimmertempel erworben für meinen Marathon-Reliquienschrein. Da hinein kommen ein Bild von Haile, die heiligen Marathonschuhe, die heilige Startnummer, die Urkunde und der heilige Kleidersack. Die Medaille nicht. Die bleibt, wo sie ist.

Landingstrip am Warzenhof

Die Brustwarzen vor einem Marathon abkleben ist gut.
Aber was zu viel ist, ist zu viel, findet die Gattin der Laufsau.

Dann war da noch diese Geschichte mit dem Leukoplast. Ich, ganz brav, hab meine Brustwarzen vor dem Marathonlauf abgeklebt. Will ja nachher nicht aussehen wie Franz von Assisi in Funktionsfaser. Getreu dem Laufsau-Motto „Viel hilft viel" war die Rolle dann aber auch leer und von meinem Brusthaartoupet nicht mehr viel zu sehen. Der schlaue Marathonläufer denkt zwar voraus, aber nicht weiter als 4 Stunden 33 Minuten in die Zukunft, quasi direkt bis zum Zieleinlauf. Nach mir die Sintflut. In keinem, ich betone, keinem Laufratgeber steht irgendetwas darüber, wie man dieses verdammte Tape wieder von den Männertitten abkriegt, ohne sich die Brust zu skalpieren.

Wieder zu Hause angekommen (ich will hier nur kurz erwähnen, dass der Fußweg von der S-Bahn-Station Köln-Nippes ins „Hotel" dreimal mehr Aua war als der ganze Marathon und alle 30km-Trainingsläufe zusammen), stehe ich nun also vor dem Badspiegel und gleichzeitig vor der unlösbaren Aufgabe, mich schmerzfrei von meinem Beiersdorfer Exoskelett zu trennen. Zupfe hier an einem Eckchen – AUA! Pople da an einer Bahn herum – HÖLLE! Öffnet sich die Tür, Gattin guckt herein.

„Was MACHST du denn da? Haha, huaaaahahaha, ist aber 'n bisschen viel Tape, findest du nicht?"

Wenn's der Laufsau an die Ehre geht, wird sie aber böse. Ich lass doch hier nicht meine Marathon-Vorbereitungs-Kompetenz in Zweifel ziehen. Hastdunichgesehn schnappe ich mir ein halbloses Schnipselchen und reiße mir mit einem Ruck die komplette Matte vom Oberkörper. Oh oh. Ohhhh – Ohhhh! Nicht gut. Männer sind ja Uschis, anders kann ich mir nicht erklären, wieso ich die nächsten fünf Minuten wie ein wild gewordenes Karnickel laut brüllend im Bad herumhüpfe, während sich brasilianische Pornodarstellerinnen freiwillig wöchentlich dieser Prozedur an ganz anderen Stellen des Körpers unterziehen (hab ich mir sagen lassen …). Ich glaube, die Brustwarzen waren die einzigen Stellen an meinem Oberkörper, die nicht geblutet haben, und damit hat das Leukoplast ja seinen Zweck erfüllt. Zugegeben, die rechteckige, nun komplett behaarungsfreie Zone auf meinem Busen sieht nicht wirklich erotisch aus, aber wenigstens muss ich mich hier lange nicht rasieren. Wenn überhaupt noch.

Die Gattin kommentiert lakonisch: „Wenn man sich vorher unter die heiße Dusche stellt, geht's ganz leicht ab."

Danke für den Tipp.

Ich krieg nie was ab

Wie die Laufsau einmal den Championchip nicht mehr abkriegt und der Kanarienvogel bewusstlos wird.

Ich krieg den Chip nicht mehr ab. Erst mal hab ich ihn schon gar nicht drangekriegt. Sollte eigentlich nicht so schwer sein, so ein kleines gelbes Dingelchen am Laufschuh zu montieren. Vor allem heißt es ja „ChampionChip", nicht LoserChip oder Wurstfinger-Chip, also muss die Laufsau ja wohl ein Champion sein. Aber so ein Laufschuh, der hat verdammt viele Schnüre (ok, in Wirklichkeit ist es nur eine Schnur, aber diese vielen kleinen Schnur-Abschnitte machen mich ganz kirre), und mindestens genauso viele Möglichkeiten gibt es, ein kleines gelbes Plastik-Ufo dran zu befestigen. Am Vorabend des Marathons in Köln hatte ich sie alle ausprobiert.

Nicht dass ich den Chip erst seit gestern habe, ein paar Halbe hab ich ja schon hinter mir (also halbe Marathons, nicht halbe Bier). Aber da war es mir irgendwie gleichgültig, wie es aussieht. Hauptsache, das Ding fällt nicht auf halber Strecke ab. Das hab ich übrigens mal erlebt, da lag in Stuttgart mitten auf der Strecke ein einsamer, verlassener Championchip, und natürlich hatte keiner Zeit und Lust, das Ding aufzuheben, wie auch, wenn man nur die persönliche Bestzeit im Kopf hat. Aber jeder hatte noch die Muße, den armen Deppen zu bedauern.

„Oh, Shit, arme Sau. Da rennst du Weltrekord und merkst im Ziel, dass sie deine Zeit nicht haben."

Bei meinem ersten Marathon sollte aber natürlich alles PERFEKT sein, auch die Platzierung des Zeitmessers am Fuß. Es gibt im Internet Leute, die sich nicht entblöden, in langen Forumsbeiträgen den idealen Standort für den Chip zu diskutieren, damit man ja auch nicht eine Zehntelsekunde verliert. Und noch blöder als diese Kerle (sind meistens Männer, echt wahr – warum bloß …) sind dann Erstmarathonis, die sich den ganzen Mist auch noch durchlesen und sich verrückt machen deswegen. Wie ich. Also am Vorabend von Köln hatte ich dann ca. 120 ausgedruckte Seiten mit Schnürungsvorschlägen für den Schuh im Allgemeinen, den Chip im Besonderen und fürs Rennen im ganz Speziellen.

Ich sitze also da, reiße mit Elan die Schnürsenkel aus meinen Schuhen und fange an zu fummeln, zu schnüren und zu stecken. Erst steht der Chip vorne hoch, wie ein kleiner Avernerschild. Schön. Wehrt Steinschlag vom Vordermann effektiv ab. Sieht aber total beknackt aus. Nee, das geht gar nicht. Raus mit dem Ding, nächster Versuch. Toll, jetzt steht er zur Seite weg wie ein Flügelchen. Wenn ich noch einen zweiten Chip hätte, und der stünde in die andere Richtung, sähe ich aus wie der Götterbote Hermes. Speedmäßig sicher vorteilhaft, aber nee, das geht erst recht nicht. Neuer Versuch. Jetzt liegt er aerodynamisch an, toll. Gattin zupft, und schwupp hat sie den Chip in der Hand. Das war jetzt so eine selbst auflösende Schleife. Mannometer. Blödes Drecksding, jetzt bist du dran. Sohn#1: „Papa, mach ganz viele Knoten dran!" Guter Tipp, Sohn#1. Von Knoten versteht er nämlich was, mein Großer. Letzte Woche knotete er aus einem Springseil, einer dreißig Meter langen Paketschnur und der Strickwolle für sechs Pullover ein Eins-A-Spinnennetz. Quer über die Treppe ins Büro. Ich musste mir meinen Weg zum Computer mit dem Teppichmesser freischneiden. Aber der Rat mit den Knoten ist so schlecht nicht. Am Schluss sind Schuhbänder und Chip so fest verschnürt, dass ich bis heute nicht weiß, wie ich in den rechten Schuh reingekommen bin, ohne mir Ferse oder Zehen abzusäbeln. Ruckediguh, Blut ist im Schuh.

Und gestern, zwei Wochen nach dem Rennen, will ich mal wieder laufen gehen und öffne die Sporttasche, um die Schuhe herauszuholen. So etwa muss es Howard Carter 1922 bei der Öffnung des Grabes von Tut-Ench-Amun ergangen sein: „Der Tod wird auf schnellen Schwingen denjenigen erschlagen, der die Ruhe des Laufschuhs stört." Eine giftige Schwade entweicht aus der Tasche und fliegt an mir vorbei und zum Fenster hinaus. Unser Kanarienvogel wird zwar nicht von einer Kobra gefressen, wie der von Howard Carter, kippt aber vornüber von seiner Stange und verharrt bewusstlos für eine knappe Stunde in dieser Stellung. Die dabeiliegenden Laufsachen konnten ebenfalls zwei Wochen unter Luftabschluss vor sich hin gären und haben auch schon mal besser gerochen. An den Schuhen klebt immer noch der Chip, den will ich jetzt abmontieren. Aber der Chip sitzt bombenfest, ich krieg die Knoten einfach nicht auf. Soll ich jetzt den Larry machen und oberangeberisch mit Laufchip übers Feld rennen? Nee, wirklich nicht. Und zum zweiten Mal diese Woche kommt das Teppichmesser zum Einsatz. Endlich ist der Chip ab, gemeinsam mit den Schuhbändern, und jetzt sind es wirklich viele einzelne Bänderlein.

Jetzt brauch ich nur noch einen Ersatzschnürsenkel. Aber der einzige, den ich im Schuhschrank finde, ist so ein Modell Emily Erdbeer, knallrosa mit künstlichem Fruchtaroma, den ich Sohn#1 im Deichmann unbedingt mal kaufen musste. Und so entfliehe ich dem schnöden Alltag mit schwulen Schuhen, von denen einer riecht wie der Fluch des Pharaos und der andere wie Dr. Oetkers Erdbeer-Kaltschale.

No sports please

*Der Marathon ist gerade mal vier Wochen her
und ich falle zurück in alte Gewohnheiten.*

Prokrastination nennt der Fachmann das, laut Wikipedia die „Bezeichnung für das Verhalten von Menschen, das Erledigen notwendiger, aber dem Einzelnen unangenehmer Dinge immer wieder zu verschieben".

Eigentlich wollte ich ja gestern laufen. Aber es regnete. Wer mag schon laufen, wenn das Wetter schlecht ist. Und mein Knie muss immer noch ausheilen. Und die Ferse tut mir weh, nach stundenlanger Recherche im Internet bin ich mir sicher, ich habe es mit einem Fersensporn zu tun. Oder einer Läuferhacke. Oder etwas anderem, ganz Schlimmem. Und irgendwie hab ich überhaupt keine Zeit: so viel Arbeit, Frau und Kinder bei Laune halten, wichtige Hochglanzmagazine archivieren. Morgen ist auch noch ein Tag.

Andererseits, bin ich blöd? Ist das nicht ein tolles Gefühl? Nach neun Monaten Disziplin? Wenn man keine Lust oder keine Zeit oder Schmerzen hat, einfach mal auf seinem Hintern sitzen zu bleiben und nichts zu tun? Herrlich. Schokolade futtern, so viel man will. Na gut, ich habe vorher auch so viel Schokolade verputzt, wie reinging, aber da hatte ich wenigstens ein schlechtes Gewissen. Eine halbe Flasche Rotwein am Abend und kein 15-Kilometer-Lauf durch die Dunkelheit am nächsten Morgen. Eine gepflegte Zigarre und dazu ein schönes Glas oder zwei von meinem Balvenie Single Malt Portwood 1989. Also ehrlich, man muss auch mal genießen können.

Aber ich weiß es jetzt schon: Spätestens im Januar stehe ich auf der Waage und verfluche mich. Verdammte Völlerei. Die Hose spannt, das letzte Loch im Gürtel ist nur noch eine schwache Erinnerung. In meinen sexy Laufshirts sehe ich höchstens noch aus wie eine Leberwurst im Naturdarm. Dann, spätestens dann gehe ich ins Internet und tue es wieder. Melde mich für den nächsten Marathon an.

Und dann geht der ganze Mist wieder von vorne los.

Ich Depp.

Mein neuer Benchmark

Nach dem Marathon ist vor dem Marathon. Auch für die Laufsau.

Ich fass es nicht. Oprah Winfrey ist den New York Marathon 4 Minuten schneller gelaufen als ich bei meinem Debüt in Köln. Schande. George W. Bush in 3:44. Und der Typ war mal Alkoholiker! Den New York Marathon schneller als 3:45 laufen, das wär mal ein neuer Benchmark. 2012 bin ich 45, die Krönung meiner Läuferkarriere. Danach setze ich mich zur Ruhe, schreibe ein Buch, verdiene mich dumm und dusselig dran und trinke bis ins Grab nur noch Roten für 125 Euro die Flasche.

Frankfurt nächstes Jahr ist also lediglich ein Durchlaufposten. Nur noch 4 Jahre bis 2012, also fang ich am besten gleich mal mit der Planung an.

„Das Laufbuch, Training Technik Ausrüstung" – mein neuer Katechismus.

Kapitel 5, Trainingspläne, mein Evangelium.

Seite 150: Marathon in 3:30 Stunden.

Genau was ich brauche. Wenn schon Größenwahn, dann richtig.

Woche 1:

Mo: 8 km ruhiger Dauerlauf. Na, das ist ja easy. Kann so weitergehen

Di: Tempoläufe im Gelände. Ha, Gelände gibt's hier jede Menge. 3-mal 10 Min. im Halbmarathon-Renntempo. Bei dreieinhalb Stunden für den Marathon macht das 4:45 Min. pro Kilometer. Naja, im Moment mach ich 6:30 pro km. 1:45 Min. pro km schneller, das ist aber schon ein bissel heftig. Ok, Strategiewechsel, ich fokussiere mich mehr so aufs Gelände und weniger aufs Tempo.

Mi: 6 km ruhiger Dauerlauf: Hallo? Was ist'n das für ne Weicheierveranstaltung hier?
Do: 10 km lockerer Dauerlauf. Na, isipisitantelisi. Anschließend 5 Steigerungen. Mist. Naja, sagt ja nichts drüber aus, wie viel steigern. Also die Steigerung von locker ist sehr locker. Oder gaaaaanz locker. 10 km gaaaaanz lockerer Dauerlauf also. Geil.
Fr: Ruhetag. Mein Lieblingstag in der Woche.
Sa: Hallo? WOCHENENDE! Aber hier steht's, schwarz auf weiß: 2 km langsamer DL, 5 km zügiger DL, 2 km langsamer DL.
So: Hallo? SONNTAG! RUHETAG! Nee, echt: 25 km langsamer DL. Und das schon in der ersten Woche.

Will ich mir das wirklich antun? Soll ich 2012 in New York versuchen, unter 3:45 zu laufen? Vielleicht läuft Obama mit! Oder Hillary. Die ist bestimmt nicht schneller als ich. Nie im Leben!

Bei Dr. Knochenbrech

Als Marathoni ist die Laufsau fast per Du mit ihrem Orthopäden.
Bis dieser einen ganz und gar unmöglichen Vorschlag macht.

Die Laufsau leidet mal wieder. Sechs lange Wochen lahmt der rechte Huf schon, sechs lange Wochen ohne Training. Da kann nur einer helfen: Laufsaus Haus- und Hof-Orthopäde Dr. Knochenbrech. Der Mann mit den heilenden Händen und dem völlig unterdimensionierten Wartezimmer.

An einem Montagmorgen, und an einem solchen hab ich mir leichtsinnigerweise einen Termin aufnötigen lassen, zieht sich die Warteschlange vom ersten Stock die Treppe hinunter bis zum Fahrstuhleingang. Meinen Versuch, im Fahrstuhl vom Erdgeschoss in den ersten Stock zu gelangen und sich dann heimlich irgendwo dazwischenzuquetschen, quittiert ein junger Mann in auffallend weiten Hosen, mit tätowierter Backe und einer lächerlichen kleinen Basecap mit markigen Worten:

„He Alder, wenn der Wiggser da sich vordrängeln tut, zerreiß ich den in die Luft."

Grammatisch nicht korrekt, aber auf einen Linguisten-Streit lasse ich mich mit dem lieber nicht ein. Sonst reicht ein Orthopäde für die Knochenreparatur nicht aus. Ich stelle mich also hinten, nein unten an. Kurz vor der Mittagspause kommen die Damen von der Bittstellerabfertigung in Sicht. Wer bis jetzt nur ein kleines Problemchen hatte, der entwickelt nach mehrstündigem Stehen einen echten Grund, zum Orthopäden zu gehen.

„Ich hatte einen Termin um halb zehn …", beginne ich trotz alledem freundlich.

Und ernte – nein, kein hysterisches Lachen, sondern die völlig entgeisterte Frage: „Ja, warum haben Sie sich denn nicht früher gemeldet?"

Oh, was fallen mir in diesem Moment für fantastische, fiese, beleidigende Schimpfnamen ein. Aber halt, wenn ich mich jetzt gehen lasse, schicken die mich gleich wieder nach Hause.

„Nehmen Sie doch bitte noch kurz im Wartezimmer Platz!"

Haha, kurz ... Platz nehmen ... Frau Feldwebel belieben zu scherzen. Nach einer weiteren unendlich langen Wartezeit tönt es aus dem Lautsprecher:

„Herr Laufsau, biddeschöööön!"

Der Doktor und ich kennen uns gut. Gäbe es beim Knochensäger Bonuskarten, ich hätte schon ein paar Frei-Röntgenbilder kassiert. Mit 41 schafft man, wenn man nicht gerade Dieter Baumann heißt, einen Marathon jährlich. Den Rest des Jahres verbringt man in medizinischer Behandlung, um die Kollateralschäden zu beseitigen. Mein Innenleben kennt Dr. Knochenbrech vermutlich besser als die Gattin, und die hat schon einiges gesehen.

„Na, mein Lieber, was macht das Knie?", klopft mir der Doktor kumpelhaft auf die Schulter.

„Das Knie hat im Moment Pause, wird aber langsam besser", erwidere ich.

„Probier'n Sie mal Kohlwickel, die wirken Wunder!", meint er.

Ich winke ab: „Ach nein, mit Kohlwickeln hab ich's nicht so."

„Oder Quark, aber nur vollfetten!", rät er mir weiter.

„Ich glaub, ich steh' mehr so auf die ganz klassische Schulmedizin, dieses homöopathische Zeugs versaut einem nur die Bettlaken."

Er blickt mich fragend an: „Na, was kann ich denn diese Woche für Sie tun?"

Ein echter Scherzkeks, der alte Knorpelkneter. Ich beschreibe ihm meine Schmerzen im unteren Bereich der Ferse und meinen Verdacht: Fersensporn. Er nimmt mein Bein hoch, setzt den Daumen an und drückt.

„Tut das weh?"

Ich halte die meisten Ärzte für ausgeprägte Sadisten. Anders kann ich mir nicht erklären, dass sowohl mein Urologe als auch mein Orthopäde so eine unglaubliche Begabung haben, einem mit absoluter Unschuldsmiene bestialische Schmerzen zuzufügen. Und die Spezialisten wissen doch genau, wo die empfindlichen

Stellen sind! Das Echo meines hysterischen Geschreis hallt noch durchs Treppenhaus, da nickt er schon zufrieden.

„Das war wohl ein Treffer."

Oh ja, Dr. Knochenbrech, das war ein Volltreffer. Und dann krieg ich den gesamten Leistungskatalog, den die Versichertenkarte hergibt. Am frühen Abend, nach Röntgenbild, Ultraschall, MRT, CRT und SMS (an die Gattin, dass es heute wieder später wird …), werde ich abermals in die heiligen Hallen zum Wunderheiler vorgelassen.

„Tja, Sie haben eine Insertionsendopathie der rechten Plantarfaszie, mein Guter."

Aha. Na, wenn's sonst nichts ist. „Und was bedeutet das auf Deutsch?"

„Das, mein Lieber, bedeutet, dass Sie ein paar Wochen, vielleicht sogar Monate nicht rennen können. Sie leiden an einem unteren Fersenschmerz."

Wahnsinn. Diese messerscharfe Diagnose. Unterer Fersenschmerz. Wäre ich selber nie drauf gekommen.

„Aber Doc, ich kann doch nicht Monate aussetzen! Sylvesterlauf, Frühlingslauf, die legendäre Hitzeschlacht von Stuttgart im Juli und dann der Herbstmarathon, soll ich das etwa alles sausen lassen?"

„Was, Sie laufen Marathon? In Ihrem Alter?", ruft er entsetzt aus. „Na, das lassen Sie mal schön bleiben. Zweimal die Woche eine Stunde laufen, das ist ja gesund, aber einen Marathon sollten Sie sich in ihrem Lebensabschnitt nicht mehr zumuten."

Ende. Aus und vorbei, du Quacksalber. Ich suche mir einen anderen Gelenk-Guru.

„In meinem Lebensabschnitt", was denkt der sich eigentlich? Ich bin 41. Dieter Baumann ist 43 und läuft den Marathon in zweieinhalb Stunden.

„Zwei Diclofenac täglich die nächsten drei Wochen und wir sehen uns dann beim Bietigheimer Sylvesterlauf", grinst er mich an und schiebt mich hinaus.

Ich geh ihm doch immer wieder gerne auf den Leim, dem Bader Dr. Knochenbrech. Auch wenn er in Bietigheim immer zwanzig Minuten schneller ist als ich.

Gugu, i han e Ufo gsäa

Meine Schwiegermutter kocht die besten Fleischküchle nördlich und südlich der Neckarschleife. Sie ist ihren beiden Enkeln eine liebevolle und geduldige Oma. Aber ich glaube, sie hält mich für einen Trinker.

Schon wieder musste die Laufsau im Dunkeln raus. Den ganzen Freitag Stress und Hektik, erst um halb acht klopfe ich mir den Bürostaub von den Schultern und schmeiße mich in die Laufklamotten. Die Gattin wirft mir im Flur zwischen Müllrausbringen und Wäscheaufhängen ein paar Infofetzen zu:

„IchbinheutmitdenMädelsausdieOmakommtumachtachgehst dulaufennavielSpaßdannrufstdunochdingsbumsanwannwirnächstesWochenendekommenachjadiealtenReifenliegennochimKofferraumvielleichtkannstdudienochrausnehmen."

Sprach's und verschwand im Keller, nicht ohne mir noch einen Kuss auf die Nase zu drücken. Mir dreht sich schon alles, dabei habe ich noch keinen einzigen Schritt getan. Es regnet, also muss ich erst mal meine Kapp finden, die liegt normalerweise oben auf der Hutablage der Garderobe. Direkt neben dem Pitú und den anderen Schnapsvorräten. Hochprozentiges lagert Familie Laufsau nämlich dort oben, damit der Große uns nicht heimlich den Schnaps wegsäuft.

Männer sind ja so faul. Statt sich schnell einen Hocker zu organisieren, angelt die Laufsau mit einem der zahlreichen Baumäste, die Sohn#1 zur Zeit in großen Mengen im Flur lagert, am Garderobendach herum. Und befördert die Kapp samt Pitúflasche mit Hilfe der Schwerkraft auf seinen Kopf. Die Flasche krieg ich gerade noch so zu fassen, aber der Verschluss geht ab und der verbliebene Rest Zuckerrohrschnaps ergießt sich über meinen Kopf. Pur schmeckt das Zeug eigentlich auch nicht schlecht, aber das ist jetzt wirklich nicht der richtige Zeitpunkt, um mit dem Saufen zu beginnen. Ich versuche erfolglos, mir im Handwaschbecken vom Gästeklo die Haare zu waschen.

Stinkend wie eine Schnapsbrennerei geht es hinaus in die Dunkelheit, vorbei am Kindergarten. Scheffin und Putzfrau schließen gerade zu und grüßen mich freundlich, aber aus dem Augenwinkel sehe ich genau, wie sie die Köpfe zusammenstecken und tuscheln. Auf den Feldern ist es einsam und ruhig. Bis zu dem Zeitpunkt, als ich neben mir im Gras ein leises Rascheln und ein Trippeln vernehme. Etwas Kleines, Dunkles huscht an mir vorbei und es ist ziemlich schnell. Es hat eine kleine spitze Schnauze, kurze Beinchen und – Stacheln. Es ist ein Igel, und er überholt mich. Mein Gott, ist das peinlich. Mir fällt nur noch die Steve Miller Band ein. Fly like an Igel, into the future! Vielleicht war mit dem Pitú was nicht in Ordnung?

Weiter unten, fast schon am Neckar, fliegt wenig später plötzlich etwas Leuchtendes in großer Höhe auf mich zu, sinkt, sinkt weiter und geht keine hundert Meter vor mir auf dem Acker zu Boden. Das Licht erlischt. Ein Ufo? Ganz sicher. Wo zum Teufel ist die Nationalgarde, wenn man sie mal braucht, oder kommt hier im Ländle der Zoll? Vorsichtig nähere ich mich. Das Objekt sieht unauffällig aus, wie ein kleiner Papierballon. Auf der Unterseite steht „Made in China". So weit ist es also schon gekommen mit der Globalisierung, dass die Aliens ihre Flugmaschinen in Billiglohnländern bauen lassen. Von wegen Vorsprung durch Technik. Ich lass das mal lieber dort liegen, wer weiß, was da für außerirdische Sporen dranklepen, die rotten am Ende noch das gesamte Strohgäu aus! Also mit dem Pitú war ganz sicher was nicht in Ordnung.

Sonst ist nicht viel passiert bei diesem Lauf, wenn man von den zwei Pfosten und der quasi unsichtbaren Absperrkette im Wald absieht, in die ich volle Lotte reinlaufe. Ich fühl mich mal kurz wie Darth Maul aus Star Wars Episode 1, als der von Obi Wan Kenobi in zwei Teile gehackt wird. Nach meiner Heimkehr stehe ich in der Küche und trinke kopfschüttelnd meine Apfelschorle. Die Schwiegermutter biegt um die Ecke.

„Hallo, warst du beim Lau – mein Gott, bist du einem GESPENST über den Weg gelaufen?"

„Einem Gespenst? Nee, ich hab ein Ufo gesehen und außerdem bin ich von einem Igel überholt worden."

Die Schwiegermutter mustert mich streng, ihr Blick wandert zur leeren Pitú-Flasche und zurück zu mir. Sie schnauft tief ein, stutzt.

„Hast du die etwa ausgetrunken?"

Der Abend fängt ja schon toll an, sage ich mir und stolpere an ihr vorbei ins Bad. Irgendwie muss der Gestank doch wegzukriegen sein.

Krampusjagd

1980 ist die Laufsau noch ein Laufferkel und schnell unterwegs. Schnell genug, um den brutalen Krampussen zu entkommen?

Im Dezember 1980 war ich 13 Jahre alt. Ronald Reagan hatte gerade die Präsidentschaftswahlen in den USA gewonnen. Die BRD und Kiribati nahmen diplomatische Beziehungen auf. Und eine sehr kompakt gebaute Klassenkameradin mit dem Spitznamen „Pitbull-Birgit" steckte mir in der hintersten Reihe eines Kässbohrer Setra auf der Fahrt nach St. Johann in Tirol zum ersten Mal ihre Zunge in den Mund und holte sie kurz nach der österreichischen Grenze wieder raus. Das wiederholte sich zu meiner freudigen Überraschung mehrmals im Skilift.

Niemand, der mich kannte, hätte mich damals als Sportskanone bezeichnet. Noch im Sommer hatte man mir mitgeteilt, ich sei von der Teilnahme an den Bundesjugendspielen befreit, wegen „Antriebslosigkeit", ein waschechter Euphemismus. Es ist mir nicht bekannt, ob seit ihrer Einführung im Jahre 1966 und auch jemals nach 1980 irgendjemand wegen Lethargie von den Bundesjugendspielen ausgeschlossen worden war. Vielleicht hatte sich Herr Schwab, unser Sportlehrer, aber auch nur einen Scherz mit mir erlaubt. Gewiss, Ski fahren konnte ich. Immerhin hatte mein skiverrückter Alter mich bereits im zarten Alter von vier Jahren auf die Bretter geschnallt. Und mich dann unter Androhung von Prügelstrafe jede schwarze Abfahrt hinuntergetrieben, um aus mir einen Fuzzi Garhammer zu machen. Aber ich will mich nicht beschweren. Ski fahren galt als cool und es wurde meine Eintrittskarte zum Zentrum des Universums von Pitbull-Birgit.

Andere körperliche Betätigungen vermied ich im Jahreslauf tunlichst. Bis zum 5. Dezember, dem Abend vor dem Nikolaustag. Da wiederholte sich in unserem beschaulichen Bauernkaff jährlich die Krampusjagd. Ein harmloser Name für ein morbides und gewalttätiges Schauspiel, aus heidnischer Tradition geboren, das manchmal mit polizeilichen Großeinsätzen, in jedem Fall aber mit vielen durchgefrorenen, glücklich gedemütigten Heranwachsenden endete. Einer davon war immer Klein-Laufsau. Regeln und Ablauf waren so simpel wie brutal: In der Abenddämmerung rotteten sich die männlichen Vertreter aus den Jugendabteilungen der freiwilligen Feuerwehr, des Fußballvereins und der Blasmusik auf dem Feld hinter der BP-Tanke (gab's damals schon) zusammen. Dort füllte man sich systematisch mit Glühwein, Schnaps und Bier ab, tatkräftig unterstützt und gesponsert von den lokalen CSU-Honoratioren aus dem Gemeinderat. Währenddessen verwandelten sich die besoffenen Testosteronschleudern mit Holzmasken, Sackleinen, Rute und Ochsenkette in furchterregende Krampusse, das bayerische Pendant zum Knecht Ruprecht. Wer schon volljährig und im Besitz eines Autos war, wurde auf den Fahrersitz desselben verfrachtet, sofern er nicht mehr selbst laufen konnte. Gemeinsam mit vier oder fünf Gleichgesinnten „cruiste" (ein großes Wort und eines, das es damals noch gar nicht gab) man durch die Straßen und machte sich auf die Suche nach Opfern. Opfer waren alle Trottel, die leichtsinnig genug waren, sich nach Einbruch der Dunkelheit noch im Freien aufzuhalten. Dazu gehörten vor allem alte Mütterchen, die auf dem Weg vom Edeka (gab's damals auch schon) nach Hause waren und eben wir „Schöler", die wir uns schon monatelang vorher auf diesen Abend freuten, an dem wir von den Krampussen gejagt, gestellt und dann misshandelt würden. Wobei das Ziel ja war, gejagt, aber eben nicht gestellt und gedemütigt zu werden. Wenn einen so eine Gruppe Krampusse nämlich doch einmal abfing und umzingelte, dann hing der weitere Verlauf sehr vom Blutalkohol der beteiligten Maskierten ab. Im günstigsten Falle musste man das Vaterunser aufsagen, auch wenn man nachweislich nicht katholisch war. Wem in der Aufregung der genaue Wortlaut entfallen war, der durfte sich mit einem Weihnachtslied behelfen. Im Falle fortgeschrittener Alkoholisierung musste so ein Edeka-Mütterlein aber auch einmal hundert Meter auf Knien vor den Unholden herrutschen, bekam dann eins mit der Kette übergebraten und die gesammelten Einkäufe wurden konfisziert und auf der Straße verteilt. Ich erinnere mich, dass dieser Vorfall und das polizeiliche Nachspiel für eine gewisse Verstimmung in der Nachbarschaft sorgten.

Egal, wir Jungs waren ja flink auf den Beinen, uns sollte dieses Schicksal nicht ereilen. Wir machten uns also im Dunkeln auf zu den Hotspots (gab's damals schon, hießen aber nicht so) des Ortes: Grundschule, Post, Rathaus, Spielplatz. Eine geschlossene Schneedecke gab dem Ganzen zusätzliche Würze. In kleinen Grüppchen stand man in der Eiseskälte herum, rieb sich die Hände (Handschuhe gab es damals ebenfalls, waren aber extrem uncool) und wartete. Bis endlich ein Opel Manta oder VW Scirocco langsam und ohne Licht gefährlich um die Ecke bog. Sobald die Insassen uns durch den Tabakqualm im Inneren hindurch entdeckten, ging es los: Fernlicht an, Vollgas rein. Ein wild gewordener Wagen schlingert in Schnee und Eis auf uns zu, die erste Prüfung besteht schon mal darin, sich nicht überfahren zu lassen. Wir nehmen die Beine in die Hand. Puls auf 180. Hinter mir höre ich die Wagentüren aufklappen, fünf Beinpaare stampfen in meinem Rücken auf mich zu, kommen immer näher. Ein paar Haken geschlagen, um die Ecke der Schulturnhalle gebogen, renn, renn schneller, Laufferkelchen, die kriegen dich! Was für ein Tempotraining. Adrenalin plus Vollspeed, das Herz schlägt mir bis zum Hals. Zack, liege ich auf der Fresse. Auf dem Weg hinter der Halle gibt's Poller, drei Stück, und obwohl die auffällig rot-weiß lackiert sind, bin ich etwas unaufmerksam. Die Poller sind meine Krampusbremse. Und während ich mich noch am Boden vor Schmerzen krümme, sammeln sie sich schon über mir und ihre Fratzen blicken auf mich herunter.

„Ja, wen hamma denn da?", höre ich das Hohngelächter hinter der Maske, mir schlägt das Odeur eines gut bestückten Schnapsladens entgegen.

Und dann kommt das ganze Programm. Beten, singen, Rute und Kette kommen ausführlich zum Einsatz, und zwar von jedem der fünf Freunde. Schließlich wollen die Jungs ja auch ein bisschen Spaß haben.

Zwei Stunden und zwei weitere Krampusbehandlungen später trudle ich glücklich und erschöpft zu Hause ein, aber Mitleid darf ich von Mama Laufsau nicht erwarten.

„Blaue Flecken? Na und, du bist doch freiwillig da hingegangen! Außerdem tut dir ein bisschen Bewegung ganz gut!"

Ein echtes Orakel, meine Frau Mama.

Mönsch, Börnie!

Morgens um sieben ist die Welt vielleicht noch in Ordnung, aber eine Stunde früher ganz bestimmt nicht. Außer man läuft gerne durch die Dunkelheit, während einem der Eisregen ins Gesicht peitscht.

Sonntagabend, zwanzig Uhr dreißig. Ganz Deutschland sitzt vor der Glotze und guckt Tatort. Ganz Deutschland, außer Familie Laufsau, die hat nämlich keinen Fernseher. Die Kinderchen liegen im Bett und die Eltern … stimmen die Termine der kommenden Woche ab. Die Laufsau war krankheitsbedingt einige Wochen ausgefallen, diese Woche nun will ich endlich wieder starten.

„Ich geh dann am Dienstagabend zur Laufgruppe."
„Nee, da ist Baugruppentreffen, da musst du hin."
„Ok, dann Dienstagmittag."
„Mittags arbeite ich und die Oma kommt erst um zwei."
„Am Mittwochmittag muss das Auto in die Werkstatt."
„Donnerstag?"
„Da bist du in London."

Die Laufsau wird panisch: „Aber ich muss laufen gehen diese Woche, ich war seit Wochen nicht. Ich fühl mich schon ganz schwach!"

„Geh doch morgens, bevor die Kinder aufstehen!"
„ABER DA SCHLAFE ICH!"
Die Gattin zuckt die Schultern.
„Na, wenn du aufstehst und zum Laufen gehst, schläfst du doch nicht mehr!"

Ich will gerade losjammern, da wird mir die Strahlkraft und Schönheit dieser Idee bewusst. Warum eigentlich nicht? Morgens um sechs, wenn alles ruhig ist, durch die Morgendämmerung einsam übers Feld? Nichts als die Geräusche der Natur, der Wind in den Blättern, den ganzen Tag noch vor sich? Ich ziehe mich zurück und mache die Laufsachen bereit für den Morgen.

An diese Nacht werde ich mich später erinnern als „Nacht der nicht enden wollenden Schreie". Sohn#2 brechen gerade beide unteren Eckzähne durch. Um 12, 2, 4 und 5 Uhr weckt er uns mit seinem Geheul. Um 6 Uhr klingelt mich der Wecker raus. Ich blicke durch das Schlafzimmerfenster nach draußen. Es ist stockfinster, nicht wirklich ungewöhnlich für Anfang November. Nix mit „durch die Morgendämmerung". Und der Winter beginnt dieses Jahr ungewöhnlich früh: Eisregen peitscht am Fenster vorbei. Horizontal, nicht vertikal, wegen des Sturms.

Die Gattin murmelt verschlafen: „Viel Spaß."

Jetzt kann ich nicht mehr zurück. So ein Mist. So ein verdammter Mist. Ich werfe einen mutigen Blick in den Badspiegel und zucke zusammen: Für den nächsten Streifen von Rob Zombie hab ich eine Hauptrolle so gut wie sicher. Seit meinem Vierzigsten bin ich unter Schlafmangel auch immer so tatterig. Ich brauche drei Anläufe, bis ich die Schuhbänder zugebunden bekomme, sowohl die Kaffeetasse als auch das Saftglas fallen mir aus der Hand. Wenn das so weitergeht, schläfern die mich in drei Jahren ein ...

Durch die stockfinstere Nacht, den Sturm und Eisregen kämpfe ich mich einige Minuten später aufs offene Feld hinaus. Ruhe, Einsamkeit, Natur. Nee, da kommt mir doch tatsächlich jemand entgegen, ein Jogger! Wir passieren einander, grüßen uns mit einem kaum sichtbaren Kopfnicken, ziehen weiter unserer Wege.

Nach 20 Metern höre ich es hinter mir rufen: „Marc?"

Ich bleibe abrupt stehen, drehe mich ungläubig um. „Börnie?"

Das gibt's ja gar nicht. Mein alter Ex-Arbeitskollege Börnie. Mit dem ich anno '97 mal auf einem Meeting in Dubai war. Ok, Börnie war uns allen damals schon etwas suspekt, weil er hochdiszipliniert ins Bett ging, als alle anderen mit einem Saufgelage begannen, das als „Montezumas Doppelrache" in die Annalen der Firma einging. Börnie war damals schon Marathonläufer und hatte zwei kleine Kinder, da wusste ich nicht mal, wie man „Marathon" schreibt, und Kinder waren noch ein weit entfernter Schrecken.

„Mönsch, Börnie, alte Wurschthaut, das ist ja ein Ding!", sage ich und klopfe ihm auf die Schulter.

Sein Gesicht ist eingefallen und hohlwangig, die Augen liegen tief in den Höhlen, Ärmchen und Beinchen klapperdürr. Typischer Unter-3-Stunden-Marathonläufer eben.

„Gut schaust du aus, richtig fit!", schleime ich.

Und dann stehen wir eine Viertelstunde in der todkalten Finsternis und bringen uns auf den Stand. Mein erster Marathon. Sein erster Marathon unter 3 Stunden. Meine tollen und sportlichen Kinderlein. Seine tollen und sportlichen Kinderlein, die ins Sportinternat gehen. Meine liebe Gattin. Seine liebe Gattin, eine ehemalige „Miss Oberer Neckar". Mein familienfreundlicher Homeoffice-Job. Sein Vorstandsposten in irgendeiner tollen Bank mit Firmenwagen, Chefsekretärin und Eckbüro mit Aussicht. Weswegen er nur morgens um sechs joggen kann. Weswegen wir uns jahrelang nicht über den Weg gelaufen sind. Bis heute.

„Mönsch, Börnie! Wahnsinn!", rufe ich begeistert.

„Also ich muss dann wieder, muss gleich in die Firma, wichtiges Meeting", meint er.

„Ach, was soll's", entgegne ich, „bin eh grad auf dem Rückweg, ich komm direkt mit."

'Ne halbe Stunde draußen gewesen. Davon zehn Minuten in Bewegung und zwanzig Minuten gelabert. Aber Börnie getroffen. Diesen magersüchtigen Angeber mit seinen Olympiakindern, seiner Heidi Klum und seinem Sekretärinnengschpusi. Bin ich neidisch? Nee, ich doch nicht. So einen Job, wo man jeden Morgen um sechs joggen muss, würde ich keine zwei Wochen durchhalten.

Wie die Laufsau einmal einen Schuh vermisste …

*… den Übeltäter zusammenfalten wollte,
sich diesen dann jedoch an die Brust drückte.*

Ich wollte laufen gehen heute. Ehrlich. Obwohl es seit Tagen arschkalt ist, minus fünf Grad in der Nacht und kaum über dem Nullpunkt tagsüber. Aber ich hatte eine verdammt gute Ausrede, die beste vielleicht, die ein Läufer haben kann: Meine Schuhe waren verschwunden. Beide erst, der linke tauchte später am Vormittag im Kühlschrank wieder auf. Die Gattin fand ihn, gut versteckt hinter dem Ingwer-Banane-Bio-Joghurt. Heute gibt's ja leider keinen normalen Erdbeerjoghurt mehr für normale Joghurtisten. Nur noch exotische Sorten wie Ingwer-Banane-Pecannuss, Mango-Papaya-Safran oder Knoblauch-Nuss.

Der andere Schuh blieb unauffindbar. In mir keimte schon ein Verdacht, auf das Konto welcher Terrorgruppe dieser Entführungsakt gehen könnte. Die kleinste Terrorzelle Baden-Württembergs: zwei männliche Mitglieder, eineinhalb und vier Jahre alt. Ich musste nur noch das Bekennerschreiben finden, aber Blödsinn, die können ja noch gar nicht schreiben, höchstens Männchen malen oder Raumkapseln. Den Anführer nahm ich mir gleich nach seiner Rückkehr vom Ausbildungslager vor und erkundigte mich erst mal ganz scheinheilig.

„Na, Sohn#1, wie war's im Kindi?"

Die Antwort warte ich gar nicht erst ab.

„Was meinst du wohl, wo die Mama den hier gefunden hat?", und halte ihm den von Kondenswasser überzogenen Laufschuh unter die Nase.

Statt einer Antwort bekomme ich ein feistes Grinsen.

„Du weißt schon, dass so ein Schuh 130 Euro kostet?"
„Papa", kontert er, „was kosten dann zwei Schuhe?"
So ein Mist, jetzt hat er mich.
„Ok, ein Schuh kostet dann halt 65 Euro, aber das ist immer noch eine Menge Geld. Etwa so viel, wie das Christkind dieses Jahr für deine Geschenke auszugeben bereit war …", antworte ich mit drohendem Unterton, die Augen zu messerscharfen Schlitzen verengt.
„Also, was habt ihr mit dem anderen Schuh gemacht?"
„Ein Permient, Papa."
„Ein was?"
„Ein PERMIENT, Papa, hörst du schlecht?"
„Was zum Teufel, Sohn#1, ist ein Permient?"
Er nimmt mich an die Hand und führt mich nach draußen vor die Tür. An der Hauswand, neben dem Wasseranschluss für den Garten, steht ein alter Eimer, gefüllt mit Wasser, das nun zu einem massiven, fast durchsichtigen Eisblock gefroren ist. Am Boden des Eimers erkenne ich verschwommen meinen rechten Laufschuh, der Chip klemmt noch dran. Oben aus der glatten Eisfläche spitzt ein Stückchen Schnürsenkel heraus. Mir steigen die Tränen in die Augen.
„Was hast du mit meinem Laufschuh gemacht?", winsele ich.
„Papa, wir machen doch im Kindi auch immer Permiente mit Wasser und Strom und so."
Experimente meint er, der Sohn#1, sie haben grad Wissenschaftler-Wochen in der Kita. Er hat ein physikalisches Experiment durchgeführt. Mit vier. Mit einem 130-Euro-New-Balance-Laufschuh und gefrorenem Wasser. Wahnsinn. Ich drücke den kleinen Kerl an die stolzgeschwellte Brust.
Naja, der Schuh musste eh schon lange mal in die Waschmaschine.
„Papa, krieg ich ein Eis zum Nachtisch?"
„Klar, Sohn#1. Kaktuseis oder Bumbum mit Kaugummistiel?"

Brödlemarathon

Oh weh, oh weh, oh weh, wenn ich auf die Waage seh.

Im Paläolithikum hätte der Urururururgroßvater der Laufsau einen klaren Überlebensvorteil gehabt. Während vor 12.000 Jahren Ur-Haile, Ur-Dieter und Ur-Sabrina heiter dem Mammut hinterherjagten und sich das Essen versagten, um nur ja nicht aus der Form zu geraten, griff die Ur-Laufsau alles Essbare vom Wegrand ab.

Hier ein Träubchen, da ein Pilz, oh – ein Ur-Schaf, her mit deinem Euter, Milch ist ja so nahrhaft! Die Mammutjäger verloren ordentlich Kalorien, die Ur-Sau sammelte sie alle wieder ein und speicherte sie auf den Hüften. Mein Urahn wurde dick und rund und langsam, die Höhlenkumpels blieben rank, schlank, schnell und begehrt beim anderen Geschlecht. Und dann – zack – kam die Eiszeit. Die Mammuts zogen gen Australien, wo es wärmer war. Essen? Fehlanzeige. Die Ur-Laufsau hockte in der Höhle und baute Speckringe ab, draußen vor der Höhle lagen Ur-Dieter, Ur-Sabrina und Ur-Haile. Erfroren, verhungert. Dumm gelaufen, leider zu wenig Reserven. Endlich war die Ur-Laufsau mal Schnellster in der stark dezimierten Truppe und hatte die freie Auswahl im Frauenpool.

Heute ist das nicht anders, jedenfalls der erste Teil. Haile, Dieter und Sabrina haben einen einstelligen BMI und einen Körperfettanteil unter der Nachweisgrenze. Die Laufsau jedoch findet auf ihrem Weg vom Büro (2. Stock) in die Küche (EG) so allerhand Leckeres am Wegrand. Ein vergessener Happy Hippo in der Hosentasche von Sohn#1 – konfisziert. Weihnachtsplätzchen auf dem Esstisch – jamjam. Restposten aus der Halloween-Tüte – her damit. Ein Stück König-Ludwig-Gedächtnisstollen von 2006, bisschen hart, aber noch essbar.

Der Hochaktivphase an der Schleckermaulfront gegenüber steht das stark reduzierte Kältetraining. Um alle Kalorien, die ich an einem typischen Wintertag in der Adventszeit zu mir nehme, restlos zu verbrauchen, müsste ich jeden Tag einen Ultramarathon laufen. Schwierig, wenn man nicht gerade Dean Karnazes heißt oder einen an der Waffel hat. Und da sind die Besuche auf dem Weihnachtsmarkt noch gar nicht eingerechnet, mit all den leckeren Glühweinen, Crêpes, Waffeln und Bratwürsten. Und da kommt mir ein genialischer Gedanke: Statt der nutzlosen Nährwerttabelle auf Schokoriegeln, Kekspackungen oder Zuckergetränken sollte man dem Konsumenten lieber mitteilen, wie viel Sport er treiben muss, um all die leckeren Kohlenhydrate und Zuckermoleküle wieder von den Hüften zu bekommen: Diese Kalorienbombe werden Sie durch eine Stunde lockeres Joggen wieder los. Ganz groß draufschreiben, auf die Vorderseite! Wenn einen da nach der zweiten Packung nicht das schlechte Gewissen packt, dann weiß ich auch nicht.

Es gibt einen guten Grund, warum die Laufsau sich seit dem 5. Oktober bis gestern nicht mehr auf die Waage gestellt hat. Ich habe, freilich ohne irgendeine Veränderung im Essverhalten, sondern nur durch die Marathonvorbereitung, acht Monate gebraucht, um vier Kilo abzunehmen. Und dann acht Wochen, um fünf von den vier Kilo wieder zuzunehmen. Ich rede mir Willensstärke ein: Es erfordere unglaubliche Disziplin, so lange auf's Laufen zu verzichten und gleichzeitig sinnlos Süßigkeiten in sich hineinzustopfen. Die Laufsauverhöhnung erreicht ihren Höhepunkt, als mir die Gattin, den Mund voller Schokolade und Marzipan, ihr Leid klagt. „Ich werde immer dünner", jammert sie, „obwohl ich so viel Süßes esse". Und es stimmt. Einmal die Woche Hupfdolls, und sie verbrennt mehr Kalorien als die Laufsau bei 35 Wochenkilometern. In der Steinzeit läge die Ur-Gattin schon längst bei den anderen vor der Höhle, aber im dritten Jahrtausend hat sie einen klaren Vorteil. „Deine Probleme möcht' ich haben", antworte ich der Gattin nuschelnd, den Mund ebenfalls voller Marzipan und Spekulatius. Und schütte noch einen Glühwein hinterher.

Die Gattin ...

... erlebt eine unangenehme Überraschung, und Dinge verschwinden aus dem Haus.

Wer behauptet, Laufen sei, verglichen mit anderen Sportarten wie Segelfliegen, Hochseeangeln oder Stockcar-Rennen, eher kostengünstig, der lügt wie gedruckt. Sicher, ein Paar Laufschuhe für 100 Euro und der alte Adidas-Trainer aus längst vergangenen D-Jugend-Tagen reichen aus, um sich einsam übers Feld zu quälen. Aber es kommt auch beim unambitioniertesten Freizeitathleten irgendwann der Tag, an dem er sich messen will. In einem Stadtlauf, einem Halb- oder sogar Ganz-Marathon. Aber vor den Trainingsplan hat der liebe Gott noch die Online-Anmeldung gesetzt. Irgendwann im Laufe dieser „elektronischen Fußfessel" muss der geneigte Läufer an dieser Stelle ein Häkchen setzen: „Wenn Sie einverstanden sind, dass wir von Ihrem Konto EUR 35 Teilnahmegebühr für die Teilnahme an unserer Veranstaltung abbuchen, dann klicken Sie bitte HIER." Naja, was heißt hier einverstanden, ich würde ja auch umsonst mitlaufen. Aber noch rabiater als Streckenposten, die einen ohne Startnummer beim Verpflegungsstand erwischen, sind eigentlich nur noch die Hells-Angels-Saalordner beim Metallica-Konzert. Bei kühler Witterung nehme ich während der 21 Kilometer fünf Becher Wasser vom Getränkestand. Das macht sieben Euro für einen Nullzweier sauren Sprudel. Wenn ich berücksichtige, dass ich die Hälfte davon beim Rennen sowieso verschütte, sogar 14! Den Preis toppt nur noch das PENTHOUSE in Stuttgart, aber da lässt der Türsteher die Laufsau aus Altersgründen schon seit zehn Jahren nicht mehr hinein.

Bei der Organisation der anstehenden Rennen 2009 muss also der Taschenrechner helfen. Es gibt eine ganz klare geldwerte Konkurrenz zwischen den Renn-Ausgaben und dem Haushaltsbudget. Mal sehen: 35 Euro für den Halbmarathon in Freiburg. Dann noch Stuttgart, das ist ein Pflichttermin, noch mal so viel. Herbstmarathon, geht nicht unter 60 Euro. City-Lauf im Städtle, ca. 20 Euro. Bietigheimer Silvesterlauf, ebenfalls 20. Und so weiter und so weiter, mal ganz abgesehen von den Kosten für Anreise oder Übernachtung. Macht summa summarum … Also, wenn ich das richtig sehe, bekommt die Gattin erst 2012 wieder etwas Gekauftes geschenkt! Söhne #1 und #2 freuen sich über vom Papa selbst Geschreinertes doch sowieso viel mehr als über diesen ganzen Mattel-Plastik-Mist. Toll, die können sich jetzt vier lange Jahre freuen. Ich werde endlich die Holzreste aus dem Keller los. Und Taschengeld wird ebenfalls total überbewertet, finde ich.

Ganz ohne Geschenk kann ich die Familie aber nun nicht vor der geschmückten Nordmanntanne stehen lassen, also rufe ich die Schwiegermutter an.

„Wie lange braucht man, um häkeln zu lernen?"

„Wann brauchst du es denn?", erkundigt sie sich.

„Am Heiligen Abend."

„Aber der ist übermorgen!", ruft sie entsetzt.

„Eben drum."

Am Weihnachtsabend überreiche ich der überraschten Gattin mein Präsent mit den Worten „Am wichtigsten ist doch, dass es von Herzen kommt!". Wenn ich ihren Gesichtsausdruck richtig deute, freut sie sich aufrichtig und von Herzen über meinen selbstgehäkelten Klorollenhut. Von den entgeisterten Gesichtern von Sohn#1 und Sohn#2 ganz zu schweigen, als sie ihre Häkelpüppchen und Laubsägearbeiten in Empfang nehmen. Als ich der Gattin erkläre, dass sie – quasi ganz umsonst – zum Fest der Liebe noch einen hochaktiven Freizeitsportler dazubekommt, der das gesparte Geld in allerhand Volksläufe investiert hat, kennt sie kein Halten mehr. „Es ist doch eine Investition in meine Gesundheit!", rufe ich ihr noch hinterher, als sie aus dem Wohnzimmer stürmt.

„Wo sind meine neuen Think!-Schuhe?", schallt es kurz später aus dem Hausflur.

Hatte ich ihr das nicht gesagt? Für die habe ich bei eBay noch eine schöne Stange Geld bekommen.

Fast die halbe Startgebühr für die RothChallenge 2010.

Der Erlkönig

Sehr frei nach J.W. v. Goethe

Wer rennet so spät durchs nächtliche Gäu?
Es ist die Laufsau mit Sohn#2
Er hat den Pulsmesser wohl am Arm,
Er rennt wie ein Irrer, ihm wird langsam warm.

Mein Sohn, was birgst du so bang dein Gesicht?
Siehst Vater, du den Walker dort nicht!
Den nordischen Geher am Eichenstock?
Mein Sohn, es ist nur ein Felsenblock.

Du liebes Kind, komm sprinte mit mir!
Gar schöne Ziele erreich ich mit dir.
Manch Isogetränk am Straßenrand,
Der Haile voran mit gülden Gewand.

Mein Vater, mein Vater, und hörest du nicht,
Was der Dicke, der Lahme mir leise verspricht?
Sei ruhig, bleibe ruhig, mein Kind,
In dürren Blättern säuselt der Wind.

„Willst feiner Knabe du mit mir walken?
Meine Töchter dich mit den Stöcken stalken,
Meine Töchter mit Namen Rosi und Chris
Die machen noch Geld aus dem größten Beschiss."

Mein Vater, mein Vater, und siehst du nicht dort
Die nordischen Töchter am düsteren Ort?
Mein Sohn, mein Sohn, ich seh' es genau
Es ist der Neureuther mit seiner Frau.

„Ich lieb dich, mich reizt deine schöne Wade,
Und bist du nicht willig, so brauch ich Gatorade!"
Mein Vater, mein Vater, jetzt fasst er mich an,
Der Stöckeschleifer hat Leid mir getan.

Dem Vater grauset's, er laufet geschwind,
Er hält in den Armen das ächzende Kind,
Er finisht das Rennen mit Mühe und Not,
Das Kind, es lebt, der Walker ist tot!

Scharf

In einem Haushalt mit kleinen Kindern sollte man Sportgels und Wärmesalben besser nicht frei herumliegen lassen.

Manchmal ist der erschöpfte Familienvater abends so platt, dass er es gerade noch schafft, sich die vom Training wunden Füße einzucremen. Dann fällt er ins Bett und schläft einen tiefen traumlosen Schlaf. Im Giftschrank haben sich in den letzten Jahren so allerlei feine Gels und Cremes vom Hausarzt, vom Orthopäden, vom Heilpraktiker sowie von der Apotheke in Eigenregie besorgte Salben angesammelt. Immer, wenn die Laufsau wieder einmal eine mittelschwere Verletzung plagt, plündert sie das Arsenal, denn irgendein Wundermittelchen wird sich schon finden für das Ziehen, das Reißen, das Drücken oder Pochen. Aber männliche Faulheit und die bleischwere Müdigkeit fordern ihren Tribut, und so landet die angebrochene Tube „Sport-Gel Extra Stark" direkt auf dem Kleiderhaufen am Boden neben dem Bett.

Laufsaus Söhne haben inzwischen eine gewisse Eigenständigkeit erreicht. Das äußert sich zum Beispiel darin, dass Sohn#1 sich im allertiefsten Morgengrauen, wenn Söhne gerne mal aufwachen und Laufsäue im Tiefschlaf schnarchen, ins elterliche Schlafzimmer schleicht. Mit dem Plüschlöwen unter dem Arm baut er sich direkt neben mir auf, holt tief Luft und brüllt der Laufsau einen ohrenbetäubenden Löwenbrüller ins Ohr, dass die Bilder von der Wand fallen. Ich weiß sicher: Wenn ich nicht hinter der Ziellinie eines Marathons tot umfalle, dann sterbe ich im Bett. An einem Herzinfarkt. Zu Tode erschreckt von meinem fröhlichen Sohn mit seinem Plüschlöwen unter dem Arm.

Sohn#2 gehört eher zur leisen Sorte. Der schleicht sich ebenfalls ins Schlafzimmer, erkundet aber dort, endlich ungestört von den schlafenden Eltern, all die interessanten Dinge, die sonst aus gutem Grund ganz oben im Regal liegen. Als ich um sieben erwache, sitzt Sohn#2 neben dem Bett auf dem Boden, eine offene Tube ETRAT Sportgel in der Hand, den Mund grün verschmiert, und guckt mich fröhlich an: „Scharf", sagt er. Keine Ahnung, ob das scharf ist, ich esse Sportsalben normalerweise nicht, sondern schmiere sie mir auf die Füße. Also probiere ich vorsichtshalber ein wenig davon. Heiligemariamuttergottes, das rote Thai-Curry vom Hanoi Palace in der Stuttgarter Straße ist ein Dreck dagegen. IST das Zeug scharf, scharf ist gar kein Ausdruck dafür. Laut Inhaltsangabe besteht die Salbe zu 30 % aus Menthol, das erklärt die Frische. Schnurstracks renne ich ins Bad, spüle mir den Mund aus und putze mir die Zähne, neugierig beäugt von Sohn#2. Aber es ist ja auch kein Wunder, dass er so gelassen ist. Gestern Abend hat er zwei große Esslöffel Dijon Senf gegessen und da sagte er nicht „Scharf". Sondern „Mehr!"

101 coole Sprüche fürs Laufshirt

- 42 = 2 x 21
- Ab morgen mach ich nur noch Gehirn-Jogging
- Abzweigung verpasst
- An Blasen ist noch keiner gestorben
- Bei mir läuft's flüssig
- Blähungenverkneifer
- Brustwarzenabkleber
- Das beste Marathontraining ist – ein Marathon
- Dein Laufstil lässt zu wünschen übrig
- Der mit dem Hund läuft
- Der Schmerz geht, aber der Stolz bleibt
- Die Abzweigung für die Halbmarathonis war vor 2 km
- Die Schuhe hab ich von ALDI
- Die vor dir sehen genauso scheiße aus
- Dir tut nichts weh? Dann bist du zu langsam
- Distanz ist, was dein Kopf daraus macht
- Du Arschloch siehst aus wie mein Trainer
- Du hast fürs Laufen bezahlt und nicht fürs Gehen
- Du willst es doch auch
- Eigentlich wollte ich nur Brötchen holen
- Es ist wie Urlaub, nur mit Schmerzen
- Feldvorsichhertreiber
- Früher fuhr ich BMW, heut tun mir die Füße weh
- Für 10 km lohnt sich das Umziehen nicht
- Gaffer bitte weitergehen
- Gekotzt wird erst im Ziel
- Genussläufer
- Gesünder sterben
- Go hard or go home

- Großer Sport fängt da an, wo er aufhört, gesund zu sein
- Halt durch, Bier gibt's erst im Ziel
- Hauptsache ankommen
- Heul doch
- Hinten ist die Ente fett
- Hol schon mal den Wagen, Harry
- Hundert-Kilometer-Läufer bitte nach hinten; hier vorne ist für Sportler
- Ich bin dann mal weg
- Ich bin langsam, aber lustig
- Ich bin Walker, hol mich hier raus
- Ich fühl mich scheiße
- Ich habe fertig
- Ich habe vergessen zu tanken
- Ich jogge nicht, ich laufe Amok
- Ich kann Herzmassage
- Ich laufe rückwärts, das ist die Vorderseite!
- Ich wollte meinen Chef beeindrucken
- Immer schön in den Schmerz reinarbeiten
- In Relation zur Kurve ist die Gerade länger
- Isotrinker
- Jeder stirbt, aber nicht jeder hat gelebt
- Kannst du mir mal dein Fahrrad leihen?
- Lächle, du hast dafür bezahlt!
- Lauf, du Sau!
- Laufen > Walken > Sitzen > Sterben
- Laufen macht schlau
- Laufen muss man sowieso, schlechter geht's mit Marlboro
- M70er von hinten
- Mein Auto steht im absoluten Halteverbot
- Mein Pulsmesser spinnt
- Mir nach – ich weiß den Weg
- Morgen gleich noch mal
- Nach dem Lauf ist vor dem Lauf
- Nicht laufen ist auch keine Lösung
- Nie wieder!
- No pain, no gain

- Noch 400 Meter bis Weißbier
- Noch lache ich
- Nur noch fünfeinhalb Stunden ...
- Offizielles Laufmaskottchen
- Ohne Fleiß kein Schweiß
- Quäl dich, du Sau!
- Rechts ist frei
- Regie, ist die Szene jetzt im Kasten?
- Schwach anfangen und dann stark nachlassen
- Schwitzen ist, wenn Muskeln weinen
- Sei schlau, schau zu!
- Speed is sex, distance is love
- Steh auf, oder soll dich deine Frau so sehen?
- Stell dich nicht so an, das ist kein Kindergeburtstag
- Tiere laufen – Menschen fahren
- Tut es schon weh? Wart mal ab bis km 39
- U-Bahn ↪
- Überhol doch, Angeber
- Umdrehen wär jetzt auch blöd
- Volle Lotte
- Von vorne sehe ich besser aus
- Vorsicht: Besenwagen hinter dir
- War der Lauf nicht dein Freund, dann war er dein Lehrer
- Warum hat Pheidippides nicht nach 20 Kilometern aufgegeben?
- Was mache ich hier?
- Was mich nicht umbringt, macht mich härter
- Weißer Kenianer
- Wenn du es nicht essen willst, lauf ihm nicht hinterher
- Wenn ich hier nicht gewinne, mülle ich ihnen wenigstens die Straße zu
- Wenn Marathon einfach wäre, hieße es Fußball
- Wer schwitzt, wird entlassen
- Wer zuletzt läuft, hat mehr von der Strecke
- Wo ich laufe, ist hinten
- Wo Schmerzen sind, ist auch noch Leben
- Zielzeitläufer 2:45:00 (vorne) / Halbmarathon (hinten)
- ❑ Hier abkleben ❑ (vorne)

Der olfaktorische Safe

Die Gattin schickt Laufsaus benutzte Funktionsbekleidung ins Exil im Wandschrank.

Es ist einer dieser eisklaren, kobaltblauen Winter-Sonntage. Der Zeiger vom Thermometer vor dem Küchenfenster ist ganz weit links im Blauen festgefroren, aber die Sonne scheint fröhlich vom Himmel herunter, als ob nichts wäre. Die Gattin packt nach dem Morgenmahl die Ordnungswut.

„Säulein, was ist denn jetzt mit deinen fünf Paar Laufschuhen, die im Flur herumliegen? Brauchst du die alle noch, oder schmeißt du auch mal was weg?"

Hallo? Laufschuhe wegwerfen? Eher gefriert noch das Weihwasser im Kölner Dom.

„Die hier zum Beispiel: Die stehen vor Dreck und wenn ich mich recht erinnere, hast du die das letzte Mal bei unserer Hochzeit getragen."

Das ist zugegeben schon einige Jahre her, aber die Schuhe sind noch top.

„Und diese hier? Da klebt eine Schlammschicht drauf, als wärst du damit durch die Bullenkuhle gestiebelt!"

„Die waren das Motiv für mein Buchcover", erwidere ich verzweifelt und erinnere mich an das fassungslose Gesicht des Nachbarn, als ich mit den Schuhen durch unser Gemüsebeet stapfte, immer rauf und runter, auf der Suche nach möglichst fotogenem Matsch.

„Die sind außerdem noch eins-A in Schuss."

„In denen hier ist noch nicht mal eine Sohle drin!", heißt es weiter.

Ja, stimmt, da wollte ich mir doch die Einlagen reinmachen, aber die Einlagen sind verschwunden, wie so vieles in diesem Haushalt von Zauberern, Hexen und Gespenstern.

„Und die hier?", zeigt sie auf meine blauen 859er.

Sind nicht mehr dieselben, seit Sohn#1 sie eingefroren und wieder aufgetaut hat. Zum Laufen nicht mehr zu verwenden, aber he, die haben mal 120 Euro gekostet! Das einzige Paar, das einigermaßen zivil und in Gebrauch aussieht, hat sie nun in die Hand genommen und schnüffelt daran.

„Wußt ich's doch, irgendwas stinkt hier nach Hundekacke. Mit denen bist du irgendwo reingetreten, die kannst du gleich mal in der Waschküche abbürsten."

Es gibt appetitlichere Beschäftigungen für den Sonntagmorgen. Während ich im Keller würgend die Hundeexkremente mit Wattestäbchen von der Sohle kratze, schallt es von oben:

„Und überall liegen deine verschwitzten Klamotten herum. Kannst du die bitte mal einsammeln und mir sagen, was davon in die Wäsche kann?"

„Ich komme gleich, Schnuppilein", rufe ich nach oben und stoße einen tiefen Seufzer aus.

Läufer haben's nicht leicht. Gattinen von Läufern natürlich erst recht nicht, aber das ist hier nicht das Thema.

Eine Woche später, es ist wieder Sonntag, will ich mir endlich die Wäsche vornehmen, aber es herrscht gähnende Leere auf dem Geländer, dort wo die Laufsau normalerweise die benutzten Funktionsfasern ablegt. Wenn sie sie nicht einfach fallen lässt, wo sie geht und steht. Ich konsultiere die Gattin.

„Deine Laufklamotten sind im Safe", kontert sie.

Im Safe? Es gibt einen Safe im Keller, ein Vermächtnis der Vormieter, aber für den haben wir nicht mal einen Schlüssel.

„Nicht dieser Safe", erklärt sie mir, nimmt mich an der Hand und zieht mich nach oben. Etwa der ultimative Liebesbeweis? Meine Laufkleider so wertvoll, dass sie extra im Tresor verwahrt werden? Mitnichten.

Die Gattin öffnet die hinterste Türe des Einbauschranks im Gang. Den Rahmen hat sie mit Silikon abgedichtet und das mit gutem Grund. Auf dem Regalboden liegt ein Haufen benutzter Funktionsbekleidung. Alles, was im Hause lose herumlag, hat sie gesammelt und hier verwahrt. Es stinkt bestialisch. Ich nehme einen tiefen Zug.

„Findest du eigentlich auch, dass mehrfach benutzte Laufhosen im Schritt nach Büffel riechen?", frage ich sie.

„Das erörtere ich jetzt nicht mit dir. Zukünftig kannst du deine benutzten Laufhosen und Shirts da reinschmeißen. Und ich setze mir dann eine Gasmaske auf, wenn ich die in die Waschmaschine werfe", antwortet sie mir lächelnd, knallt die Tür zu und drückt mir einen Kuss auf.

Ich hatte den Haufen erst mal wieder sich selbst überlassen, vielleicht wollte ich ja etwas davon vor dem Waschen noch ein zweites Mal anziehen. Einige Tage später finden wir die Schwiegermutter ohnmächtig vor dem offenen Wandschrank. Sie hatte sich auf der Suche nach Putzmitteln in den Tresor verirrt und vom textilen Klärschlamm benebelt kurzzeitig das Bewusstsein verloren. Jetzt muss ich die Polyester-Gärmaische an einem geheimen Ort im Haus aufbewahren, den niemals ein Sterblicher finden kann. Oder sie besser nach Benutzung gleich in den Wäschekorb befördern.

Sagt die Gattin.

Hilfe, die Amis kommen

Es gibt sie wirklich, die Tante aus Amerika. In meinem Fall ist sie zwar nur eine verschwippschwägerte Großtante, aber ganz wie echte amerikanische Tanten stattet sie uns regelmäßig einen Besuch ab, um ihre alte Heimat Tschörmanie nicht zu vergessen.

Tante Marnie, so nennt sich Marion jedenfalls, seit sie vor 35 Jahren die Greencard erhielt, nimmt neben ihrem dicken und hässlichen Gatten Dennis noch fünf große Koffer mit auf die Reise. Der Taxifahrer, der die beiden vor unserem Haus abliefert, sieht mit seinen baumstammdicken Oberarmen aus wie ein Profiboxer. Das ist auch gut so, weil der arme Mann sonst unter der Last der Schrankkoffer zusammenbrechen würde. Die Kinder wissen schon, was jetzt kommt. Sie drängen Tante Marnie, endlich die Geschenke auszupacken.

Zum Vorschein kommen: Ein Fünf-Kilo-Sack voller Schokoladentäfelchen der Marke Hershey. Hätte ich die Wahl, Erbrochenes oder Hershey-Schokolade zu essen, ich wüsste, wofür ich mich entscheide. Denn Hershey-Schokolade schmeckt nach Erbrochenem *und* hundert Jahre altem Kakaopulver. Onkel Dennis behauptet widerspruchslos, die Amerikaner machten die beste Schokolade der Welt, und schiebt sich den ersten Riegel gleich in den Mund. Am Ende des Besuchs wird der Sack leer sein und keiner von uns hat ein Stück davon angerührt. Sohn#1 stürzte sich letztes Jahr in seiner Naivität auf die Süßigkeiten, stopfte sich fünf Riegel auf einmal in den Mund, kaute, ergriff meine Hand, spuckte den halbzerkauten Hershey-Schokoladenbrei hinein und sagte: „Bäh!"

Seitdem isst er Schokolade nur noch, wenn eine lila Kuh darauf zu erkennen ist. Ich stiere zum Fenster hinaus und rezitiere lautlos mein Mantra „om mani padme hum, om mani padme hum, om mani padme hum", um mir nicht vor Lachen in die Hose zu pinkeln. Die Gattin rollt mit den Augen.

Im Weiteren ein Fünf-Kilo-Sack HotWheels Spielzeugautos. Nie war es einfacher, Kinder zu bestechen. Onkel Dennis doziert, die Amerikaner machten die besten Spielzeugautos der Welt. Was auch sonst. Am Ende des Besuchs werden bis auf zwei oder drei Exemplare alle Autos kaputt sein, so gut ist die Qualität der besten Spielzeugautos der Welt. Aber das ist mir recht. So liegen die Biester nicht überall herum und ich trete nicht mit meiner zarten Läuferferse darauf.

In den anderen Koffern stapelt sich alles, was man auf Reisen so benötigt: Kleider, Schuhe, Sexspielzeug. Jedoch der Inhalt des letzten Koffers erweist sich als echte Überraschung. Darin befinden sich Batterien von Gläschen mit Vitamintabletten und Nahrungsergänzungsmitteln. Außerdem Funktions-Sportbekleidung, Walkingschuhe, Pulsmesser und Stöcke. Alles in doppelter Ausführung. In doppelter, identischer Ausführung. Ich sehe Marnie fragend an.

„Wir sind ganz crazy nach Jogging, nicht wahr, Sweetheart?", ruft sie verzückt und blickt verliebt zu Dennis.

Wie sie es ausspricht, klingt es mehr nach DSCHAAAAAAGING als Jogging.

„Du bist doch so eine SUPA-Athlete, sagt deine Frau, so eine Märäthon-Man, wir könne susamme trainiere!", lacht sie mich herausfordernd an.

„Jogging? Mit Stöcken?"

„Jogging, Walking, das ist doch alles dieselbe", erwidert sie.

„Dasselbe", korrigiere ich sie.

„Eben gerade nicht dasselbe!", rudere ich gleich darauf zurück. „Zwischen Laufen und Walken gibt es einen ..."

Die Gattin fährt flugs dazwischen, denn sie ahnt, dass gleich ein sportphilosophischer Grundlagenstreit am Himmel aufzieht.

„Jetzt trinken wir erst mal Kaffee, darüber könnt ihr euch dann später in die Haare kriegen."

Beim Kaffee kommt man überein, dass die SUPALaufsau Tante Marnie und Onkel Dennis gleich morgen auf ihre Hausstrecke mitnehmen muss.

So stehen wir da, am Samstagnachmittag. Die Laufsau sieht aus, wie ein echter Läufer eben so aussieht. Verdreckte Laufbotten, verschwitzte Funktionsfasern, die schon länger keine Waschtrommel mehr von innen gesehen haben, ohne Pulsmesser, denn da ist wieder mal die Batterie leer. Marnie und Dennis sehen ebenfalls aus. Aber wie? Wie beschreibt man einem Blinden das Bühnenoutfit von Elton John? Leider ist letztes Jahr Robert Blackwell gestorben, er hätte das erleben sollen. Es gibt viele berühmte Paare, und von allen haben die beiden ein bisschen. Stan und Olli, Pat und Patachon, Sid und Nancy, die Jacob Sisters, Siegfried und Roy, Mooshammer und Daisy.

Ihre Kleidung, Schuhe und Accessoires sind bunt, jungfräulich rein, teuer und vor allem peinlich. Wüsste ich es nicht besser, ich dächte, ich hätte getrunken. Denn ich sehe doppelt. Aber das sind nur die beiden Supersportler, die im Pärchenlook auftreten. Schuhe, Hosen, Getränkegürtel, Jacken, Stöcke, Handschuhe, Kappen, Brillen – alles die gleiche Marke, die gleiche Farbe: für Marnie in XXS, Dennis trägt XXXL. Das Schlimmste aber ist, dass ich mit den beiden öffentlich eine Runde drehen muss. Also laufen wir los. Jedenfalls die Laufsau läuft und das Duo Infernale stöckelt schnatternd hinterher. Ich solle ruhig mein Tempo laufen, ermuntern sie mich, sie kämen dann schon hinterher. Also gebe ich Gas und bin froh, dass ich nicht mit den beiden gesehen werde. An der nächsten größeren Wegkreuzung warte ich auf meine Schäfchen. Und warte. Und warte. Irgendwann geht mir auf, dass selbst ein Oberschenkelamputierter auf einem Rollbrett langsam hätte bei mir aufschlagen sollen. Nur Marnie und Dennis bleiben verschwunden.

Meine Hausstrecke führt eigentlich immer schön geradeaus, vorausgesetzt, man läuft immer schön geradeaus. Und folgt nicht dem breiten Weg in den Wald. Dem Hauptweg. Ich Idiot! Ich höre schon die Gattin, die Schwiegermutter, die Polizei: Verletzung der Aufsichtspflicht, Missbrauch Schutzbefohlener, Umweltverschmutzung. Also gehe ich sie suchen, die Ami-Walker. Aber ich finde sie nicht, auch nicht nach einer Stunde intensiver Fahndung. Ich entblöde mich nicht einmal, im Wald laut „Marnie, Dennis, wo seid ihr?" zu rufen. Hoffentlich hat die nicht ein Wolf für eine

Packung Marshmallows gehalten und aufgefressen. Nach einer weiteren halben Stunde trete ich verzweifelt den Heimweg an.

Und was lehnt zu Hause neben der Eingangstür an der Wand? Walking-Stöcke. Zwei Paar. Mit Hoho und Haha werde ich begrüßt.

Vorwurfsvoll rufe ich: „Wo wart ihr denn, ich habe mir schon Sorgen gemacht?"

„Ach, Piggy, Sweetheart und ich waren schon total ausgepowert von die lange Sträcke und sind back home", antwortet Marnie.

Vor sich auf dem Esstisch hat sie ihre komplette Pillenbatterie aufgestellt, und sie und Dennis mampfen fröhlich bunte Pillen von einem Haufen, den sie vor sich aufgeschüttet haben.

„Und was ist das da?", frage ich ungläubig. „Vitamins, Supplements, Minerals natürlich. Wenn du Sport mackst, verlierst du sooooo viel von diese Stoffe! Help yourself!", fordert sie mich auf.

Einmal den Feldweg halb hinauf und wieder hinunter zu walken als „Sport" zu bezeichnen, ist purer Euphemismus. Was man dabei an Nährstoffen verliert, passt in weniger als ein Glas Leitungswasser. Nein danke, ich geh jetzt erst mal duschen. Danach trinke ich ein schönes Weizen, da ist alles drin: Vitamine, Mineralien, Hefe. Und es schmeckt auch noch besser.

Prinzessin Lillifee

Bei Laufsaus zieht eine Fee ein.
Mit Klamotten vom Aldi.

Geschlechterneutrale Erziehung ist toll, jedenfalls in der Theorie. In der Praxis tun sich Schwierigkeiten auf, bei Vätern und Müttern von Söhnen (bei Töchtern natürlich auch, aber da kann ich nicht mitreden). Diese Woche gab's bei Feinkost Albrecht ein Prinzessinnenkleid mit Tutu und Silberdiadem für 4,99. Für 4,99 kann das Laufsauauto bei den derzeitigen Spritpreisen nicht mal zum nächsten Stoffhändler fahren, um die Oma – denn die kann nähen – mit Prinzessinnenkleiderstoff zu versorgen. Vom Materialpreis und der Arbeitszeit ganz abgesehen. Dann würde dieses Kleid gleich mal 499 Euro kosten. So ein Oma-Prinzessinnenkleid bekäme Pierre Cardin aber auch nicht besser hin. Es wäre unzerstörbar wie ein T-800 Modell 101 und würde noch in 150 Jahren von unseren Kindeskindern im Fasching getragen werden. Aldi also, des Preises wegen.

Der Plan der Gattin lautete: Kleid kaufen, im Verkleidungskoffer verschwinden lassen, und beim nächsten Kindergeburtstag gibt's Hauen und Stechen um das Diadem. Jedoch blieb das Kleid erst mal auf dem Klavier liegen, wo es von Sohn#1 entdeckt wurde.

„Papa, ziehst du mir das Kleid an?"

Warum auch nicht, Kinder haben keine Vorurteile, also sollte die Laufsau auch keine haben.

„Papa, ich bin jetzt die Prinzessin Lillifee!"

„Toll, Sohn#1, sehr hübsch dein rosa Kleid."

„Papa, ihr seid meine Untertanen und müsst alles machen, was ich sage."

Ich ahnte es, eine Despotin. Prinzessin Imelda Lillifee.

„Papa, ich will heute die ganze Süßikiste aufessen!"

Hallo? Geht's noch? Den Rest des Tages verbringe ich damit, Sohn#1 alle möglichen und unmöglichen irrsinnigen Wünsche abzuschlagen, die man als Berufsdespot eben so hat. Papas Auto fahren, mit Papas Flex wahllos Metallteile durchtrennen, Papas Geheimschublade voller Süßis ausräumen. Oder noch schlimmer: Den ganzen Tag mit Papas Laufcomputer am Arm herumrennen. Der Kinderarzt ist gelinde gesagt überrascht, als ihm am Nachmittag ein rosa gewandeter Vierjähriger in seiner Praxis eröffnet, dass er nunmehr Leibarzt der Prinzessin Lillifee sei und ihre Hoheit erwarte, schmerzfrei gegen Grippe geimpft zu werden. Andernfalls ihm „sehr gemeine Strafen" bevorstünden. Originalton.

Heute Morgen beim Frühstück eröffnet mir Sohn#1, dass er beabsichtigt, als Prinzessin Lillifee den Kindergarten aufzumischen.

„Alle Kinder und Erzieherinnen sind dann meine Untertanen und müssen machen, was ich sage!"

Meine Einwände, nicht alles Volk sei so untertänig wie Mama und Papa Laufsau, schmettert er ab.

„Wenn die nicht mitmachen, werden die geköpft."

Die Gattin und ich sehen uns erschrocken an. Woher kennt der mit vier die Französische Revolution? Also schwebt Prinzessin Sohn#1 alias Lillifee mit ihrem quietschrosa Kleid und dem silbernen Diadem zur Kindertagesstätte.

Die Erzieherinnen machen gute Miene zum aristokratischen Spiel, auch wenn sie den fragenden Blick nicht vor mir verbergen können. Als ich den Steppke mittags wieder abhole, erfahre ich, dass es zwar zwischendurch den einen oder anderen Verhöhnungsversuch größerer Jungs gab, die hat er aber souverän abgeschmettert mit den Worten: „Das ist nicht blöd, das ist Lillifee!"

Und er hat plötzlich einen Haufen Freundinnen in seiner Gruppe. Die natürlich insgeheim alle drauf spekulieren, dass sie sein Diadem ausleihen dürfen. So lernt er eine erste Lektion im Leben: Als Prinzessin hat man's nicht leicht. Alle behaupten, deine Freunde zu sein, aber wenn's drauf ankommt, wollen sie nur deine Juwelen.

Doppelt gemoppelt ...

... hält besser, aber die einfache Strecke hätte mir völlig gereicht.

Die Laufsau-Restfamilie ist ausgegangen. Gattin, Sohn#1 und Sohn#2 besuchen irgendeine Ebenfalls-zwei-Kinder-im-gleichen-Alter-Familie, die Mamas trinken Latte Macchiato und gackern, die Kinder schlagen sich mit Playmobil den Schädel ein.

Die Laufsau hat sturmfreie Bude. Statt die Kumpels zum Bier einzuladen, Handball zu gucken und Pizza in sich hineinzustopfen, schlüpft Laufsau in drei Lagen Kunstfaser und sprintet los. Los Richtung Wald, Feld und Wiese, hinaus in die Natur, hinunter an den großen schwäbischen Strom, auf dem die Lastenkähne majestätisch vorbeiziehen. Nichts Besonderes, sonst. Auf dem Rückweg ein Reh, ein Dachs, ein Hund mit angehängtem Walker – vergeben. Die klassische, tägliche Runde umfasst acht Kilometer, eine schöne Dreiviertelstunde zu laufen, ich bin rechtschaffen warm, nicht erschöpft. Jetzt freue ich mich auf eine Dusche, aber die Dusche ist drinnen und ich bin draußen und meine Jackentasche ist leer. Auch alle anderen Taschen. Die Hosentasche, die Geheimtasche, die Innentaschen, die Brust-, die Rücken- und sogar die Arschtasche. So eine Scheiße. Ich hatte den Schlüssel, als ich das Haus verließ, ganz sicher in der linken Jackentasche, oder nicht? So ist das mit den alltäglichen Handgriffen. Die laufen so unbewusst ab, dass man sich später nicht mehr daran erinnern kann. Aber heute hatte ich ihn bestimmt eingesteckt, den Hausschlüssel, wäre ja auch ziemlich blöd, ohne Schlüssel aus dem Haus zu gehen. Der Schlüssel aber ist weg, die Jackentasche offen und in mir keimt ein furchtbarer Verdacht. Der Schlüssel liegt irgendwo im Wald, an einer der vielen Stellen, an denen ich mich erleichterte. Ein Mann in meinem Alter soll viel trinken, rät mein Urologe, und das tue ich auch, doch davon muss ich dauernd pinkeln. Oder der Schlüssel liegt irgendwo auf dem gefrorenen Feldweg, gut sichtbar für jeden, viel schlimmer noch wäre das. Der nächste Spaziergänger, bestimmt so ein junger, durchtrainierter Typ mit Bürstenhaarschnitt und Kampfhund, findet den Schlüssel. Ganz zufällig ist er im Nebenberuf Einbrecher und Massenmörder, ein Geschenk des Himmels für den guten Mann, der seit Weihnachten schon niemanden mehr ausrauben oder abmurksen konnte, die Grippe zwang ihn ins Bett, und jetzt haben alle diese neuen Sicherheitsschlösser, und überhaupt, die Geschäfte gehen schlecht seit der Finanzkrise, auch für Serienmörder. Noch heute Nacht wird er bei uns ganz leise huschhusch durch die Vordertüre schleichen, das Klavier, das teure Sofa und meine allerliebste italienische Espressomaschine stibitzen und am Ende noch Familie Laufsau auslöschen. Keine Zeugen, Sie verstehen? Das muss ich verhindern.

Hausstrecke, Runde zwei. Diesmal im Walker-Tempo. Das Haupt geneigt, es wackelt hin und her von links nach rechts, von rechts nach links, ich bin der Schlüsselscanner, das wiegende Auge, Google Street View auf Gelpolstern.

„Was suchet Sie dänn?"

Ein Hund mit alter Dame beäugt mich neugierig.

„Ich suche meinen Hausschlüssel", antworte ich.

„Hän sie den verlore?"

„Nein, ich mache das täglich", erwidere ich. „Ich werfe meine Schlüssel mutwillig ins Unterholz und laufe dann zurück, um sie wieder zu holen."

Nach zwanzig Sekunden macht es bei ihr Klick, das erkenne ich an ihrem Blick, und sie stapft beleidigt davon. Der Schlüssel ist nicht auffindbar. Die zweite Version derselben Runde dauert eineinhalb Stunden. Macht zusammen zweieinviertel Stunden für sechzehn Kilometer. Ein Schnitt von 8:45 pro km. Laufsau, du warst schon mal schneller. Inzwischen ist die Gattin wieder zu Hause und lässt mich ein. Wo ich gewesen sei, die Kinder säßen schon hungrig am Abendbrottisch und warteten auf den Papa! Den Schlüssel habe ich beim Laufen verloren, klage ich kleinlaut, und musste ihn suchen gehen, aber nun sei er endgültig weg, und damit wir heute Nacht nicht alle einer Familientragödie zum Opfer fielen, müsse ich nun umgehend den Schlüsseldienst kommen lassen, damit dieser das Schloss ersetze. Die Gattin lacht mich aus. Der Schlüssel? Der hing am Briefkasten, als sie gekommen sei, sie habe sich ordentlich gewundert.

Ja, so ist das mit den kleinen Alltagshandgriffen. Da sieht man vor dem Loslaufen noch kurz die Post durch, lässt den Schlüssel im Schloss stecken und vergisst es ganz. Immerhin bin ich heute sechzehn Kilometer gelaufen, das stand so aber nicht im Trainingsplan.

Postzyklisch

Die Laufsau will antizyklisch einkaufen, aber es klappt nicht.

Mit viel Glück ist der Läufer im Oktober noch mit ein paar schönen Herbsttagen gesegnet. Aber der Tag, an dem das Thermometer mittags weniger als zehn Grad anzeigt, der kommt – garantiert. In Scharen strömt das Läufervolk am darauffolgenden Wochenende in den Polyestertempel und deckt sich mit Thermohosen, Windbreakern und Fleece-Handschuhen ein. Die gibt es nun in großer Auswahl, grellen Farben und zu Schweinepreisen zu kaufen. Dafür sorgen die findigen Marketingherren und cleveren Produktmanagerdamen der großen Sportartikelhersteller. Das gleiche Spiel, nur umgekehrt, beginnt im Februar, wenn die ersten Krokusse den tauenden Boden durchbrechen. Wogen von Läuferinnen und Läufern fluten die Intersports und RunnersPoints der Republik, um sich dort mit Singlets, Supershorties und bauchlüftenden Tops einzudecken. Nur die Laufsau, die macht nicht mit.

Denn die Laufsau weiß, dass all die Thermohosen, Windbreaker und Fleece-Handschuhe vom letzten Oktober nun nur noch ein Fünftel des Originalpreises kosten. „Ich bin doch nicht blöd", sagt die Laufsau zu sich selbst und lacht leise über die Doofen, die dem Trend hinterherlaufen wie Hinz und Kunz dem Strunz. Aber ich kann auch nicht aus meiner Haut, Säue sind faul und bequem. Ich laufe bis Ende Januar mit ShortTight und sommerlichem Kurzarmshirt. Schon recht frostig, denke ich, aber bei plus zwei Grad ist das nicht überraschend. Es dauert noch etwa eine Woche, dann bin ich wieder fieberfrei und betrete wild entschlossen den Fitnessklamottenschrein. Dienstagmorgen, zehn Uhr.

„Hmmmm?", brummt der Sportartikelfachverkäufer.

So viel demonstrative Gelassenheit gibt es sonst nur noch bei der Postagentur im Rewe.

„Ich suche Laufbekleidung."

„Hinten links, die Frühjahrskollektion ist aber noch nicht runtergesetzt."

Ich erspare mir weitere Ausführungen, dass ich keinesfalls auf die Frühlingskollektion aus bin. Lieber nicht stören, wer weiß, ob der bissig ist. Hinten links gibt es alles in quietschbunt und kurz, aber nichts davon kann man bei unter zehn Grad tragen. Ich schleiche zurück zur Kasse.

„Was denn noch?"

Er blickt nicht einmal von seinem Hochglanzmagazin auf. Von allen Serviceödnissen Deutschlands ist dieser Laden die Atacama-Wüste. Seit Beginn der Aufzeichnungen kein Millimeter Freundlichkeit. Auf Verkäufers Namensschild steht T. Roll. Von Trollen heißt es, wenn sie erzürnt würden, sei dieser Zorn oft unbändig und könne verheerende Folgen haben. Fingerspitzengefühl also, Laufsau.

„Ich suche Laufbekleidung für den Winter", erkläre ich dem Troll freundlich.

Ich habe seinen Instinkt geweckt. Langsam hebt er den Blick und mustert mich mit seinen kleinen gelben Augen. Fast kommt es mir vor, als seien sie wirklich gelb, sie sind es natürlich nicht, das macht die Neonbeleuchtung.

„Für den Winter?", staunt er.

Gewöhnlich sind Trolle als gutmütig und manchmal sogar einfältig bekannt, ich bin eindeutig an ein solches Exemplar geraten. Einfache Satzstrukturen mit einem Subjekt und sonst nichts helfen hier vielleicht weiter.

„Winter? Kalt? Schnee? Frieren?", zähle ich langsam auf.

„Sie wollen jetzt Winterkleidung kaufen?"

„Na, jetzt ist doch Winter, oder?", antworte ich.

„Jetzt ist Februar, der SnowSale war vor sechs Wochen."

„Der was?"

„Der SnowSale, Winterschlussverkauf darf man nicht mehr sagen."

Ich stutze.

„Also das heißt, wenn es draußen kalt ist, verkaufen Sie keine Kleidung für kaltes Wetter, und wenn es draußen warm ist, verkaufen Sie dick gefüttert?"

Der Troll sieht mich verwirrt an.

„Sie kaufen nicht oft Klamotten, oder?", fragt er.

„Also haben Sie denn nun irgendwo noch etwas Warmes für mich, oder muss ich den Rest des Winters auf dem Laufband verbringen?"

Unwillig windet er sich.

„Ich müsste mal ins Lager runtergehen, ob dort noch was ist."

Nach einer Stunde verlasse ich den Laden mit einer Thermohose, die mächtig im Bund spannt. Es gab nur noch ein einziges Modell in S mit einer zwei Zentimeter dicken Staubschicht drauf. Aber ich wollte ja sowieso abnehmen, in drei Wochen passt die perfekt. Dazu ein Thermoshirt in Fliederlila und Pink. Ein Damenmodell eigentlich und für Walker, darum verfügbar in Größe XXXL, immerhin taillenbetont. Passende Fleece-Handschuhe, ebenfalls pink und flieder, gab es gratis dazu, quasi ein Set. Etwas zu feminin für mich, halten aber die Finger warm. Als Krönung ein cremefarbenes Stirnband in Felloptik. Nicht ganz mein Stil, aber mit 50 Swarovski-Kristallen – für 'n Appel und 'n Ei.

Das mit dem antizyklischen Kaufverhalten war leider nichts. Statt dem Trend entgegenzulaufen, renne ich ihm hinterher, postzyklisch also. Aber eins ist sicher: Wer mir morgen bei meiner Laufrunde begegnet, wird große Augen machen. Und danach Freunden und Familie aufgeregt berichten: Elvis lebt! Er lief mir heute am Neckar entgegen. Mit einem Fellstirnband, fliederpinkem Oberteil und viel zu enger Hose.

Verwachst

Die Schneefülle zwingt die Laufsau, auf Alternativsportarten umzusteigen. Mit mäßigem Erfolg.

Klingeling. Die Glocke an der Eingangstür zum Skiverleih bimmelt fröhlich. Man fühlt sich gleich an saftige Almwiesen, Enzian und Edelweiß erinnert. Die schlafen aber unter einer zwei Meter hohen Neuschneedecke. Familie Laufsau befindet sich im Winterurlaub im schönen Allgäu. Aufgrund des Schneeberichtes habe ich die Laufschuhe schon gar nicht eingepackt. Stattdessen stehe ich nun vor Pirmin, so brüllt ihn jedenfalls sein Kollege Alois vom anderen Ende des Ladens an.

„Pirmin, machst du amol die Carver für die Iren fertig?"

Irre gibt es hier also auch. Mehr als Holländer. Ich frage mich noch, warum im Allgäu Irre frei herumlaufen dürfen, da kommt er auf mich zu. Die Größe von Berlusconi, aber rote Haare, geflochten zu einem Zopf bis knapp unter die Arschbacken. Tätowiert hinauf zum Haaransatz, T-Shirt von Lordi. Trägt kein Namensschild, der Pirmin, das macht ihn sympathisch.

„Und was kann ich für dich tun?", fragt er mich in mühsam antrainiertem Hochdeutsch.

„Ich möchte bitte Langlaufskier ausleihen", entgegne ich in meinem ebenfalls mühsam erlernten Schwäbisch.

„Skating oder klassisch?"

Ich zögere, sind die schwer von Begriff hier im Voralpenland?

„Nein, ich will nicht Inline-Skaten, sondern Langlaufen."

„Du bist Anfänger, stimmt's?"

Woher weiß er das nun wieder, der clevere Pirmin?

„Also, du kannst klassisch Langlaufen, die Ski parallel, oder so wie beim Inline-Skaten oder beim Biathlon, immer rechts links Ausfallschritt. Für jede Variante brauchst' andere Ski."

Klassische Laufsaublamage, große Klappe – keine Ahnung.

„Was ist denn cooler?", frage ich kleinlaut.

„Sportlicher ist sicher Skaten, da solltest du aber schon Kondition haben, des ist anstrengender."

Alles klar. Auch hier gibt es die bekannte Hackordnung. Die Klassischen sind die Walker unter den nordischen Sportlern. Skater betreiben echten Sport, Klassische machen Platz für den nächsten Kaiserschmarrn. Ich mustere den wilden Pirmin. Der skatet, jede Wette.

„Was machst du denn?", frage ich ihn.

„Schneemobil fahrn", erwidert er trocken.

„Also dann Skaten!", rufe ich. Mit einem Paar renngelber Mikadostäbe mit Bindung, passenden Schuhen und Stöcken bis unters Ohrläppchen verlasse ich das Geschäft. Pirmin ruft mir ganz unhochdeutsch hinterher:

„Wuist du ned vielleicht erst an Kurs macha, ois Anfänger?"

„Ach, i wo", lache ich ihn aus. „Ich bin Ausdauersportler, alles kein Problem."

Eine Viertelstunde später liegen die Ski vor mir auf der Loipe. So schwer kann das gar nicht sein, immerhin wurde die Laufsau anno 1982 vierter Sieger im Abschlussrennen der Skifreizeit der 9b des Gymnasiums Markt Schwaben. Felix Neureuther gab's da noch nicht mal als Spermium. Die Bindungstechnik hat sich in den letzten 27 Jahren doch wesentlich verändert. Oder warum komme ich in die blöden Ski einfach nicht rein? Zwanzig Minuten hacke ich auf den Bindungen herum, versuche, mit einem Stock den Schnee aus den Sohlen zu klopfen, mir mit dem anderen nicht die Augen auszustechen, dann bin ich endlich drin. Nun liegen die Handschuhe am Boden, die Hände stecken in den Stockschlaufen auf Schulterhöhe. Hinunterbeugen kann sich nun höchstens noch ein Artist des chinesischen Staatszirkus. Raus aus den Schlaufen, Handschuhe anziehen, rein in die Schlaufen, Mist, Schlaufen zu klein. Schlaufen verstellen. Schlaufenverstelltechnik zu kompliziert für Laufsau. Keine Bedienungsanleitung. Laufsau weint. Skaterkollege erbarmt sich und stellt Laufsau Schlaufen ein. Laufsau fertig. Mütze liegt am Boden. Laufsau weint wieder. Weitere zwanzig Minuten später stehe ich (fix und) fertig am Loipenstart, schweißgebadet. Aufwärmen darf heute ausfallen.

Ich stoße mich ab. Pirmin gab mir noch den Tipp mit, für den Anfang ein Bein als Stoßbein und eines als Gleitbein festzulegen. Ich stoße rechts. Ich trage auch rechts, kratze mich mit rechts und grüße rechts. Außer jetzt, da kommen zwei Klassische entgegen, Oppa und Omma Kasuhlke, im Partnerlook mit identischen Skiern, schleichen mit Kukident-Lächeln und Kniebundhosen an mir vorbei. Schnell woanders hingeguckt, ich bin froh, dass ich 'n Skater bin, denn klassisch ist 'ne Quälerei. Woanders hingucken ist aber schlecht, wenn man sich schnell fortbewegt, das predige ich Sohn#1 immer, wenn er auf dem Fahrrad sitzt. Guck nach vorn, schreie ich ihn an. Leider tut das keiner bei mir, es hätte geholfen. Manchmal sieht man im Fernsehen die spektakuläre Sprengung eines maroden Industriegebäudes, Hochhauses oder Schornsteins. Es tut einen Knall, eine kleine Rauchwolke steigt am Fundament auf, und dann kippt das Objekt quasi in Zeitlupe zur Seite, immer weiter, unaufhaltsam, schlägt endlich am Boden auf und zerbirst in tausend Stücke, während eine gigantische Staubwolke aufsteigt. So ähnlich bei der Pistensau. Ich stoße, ich gleite, ich gucke, ich verliere das Gleichgewicht und kippe langsam nach außen. Wildes Stöckerudern hilft ebenso wenig wie das Kreisen mit dem anderen Ski. Ich überwinde den Point of no Return, die Schwerkraft tut ihren Job und die Laufsau fliegt auf die Schnauze.

Ein entgegenkommender Klassischer kann gerade noch ausweichen.

„Hej!", ruft er.

„Selber Hej, Kaiserschmarrnfresser", rufe ich zurück.

Ganz leise, denn noch ist der Klassische sicher schneller als ich im Skatingschritt. Aber das wird bald anders. Nun wird geübt. Die nächste halbe Stunde falle ich zwar nicht mehr hin, aber ich torkele auf der Loipe herum wie Ole Bjoerndalen mit vier Promille. Obwohl der mit einem Vollrausch vermutlich immer noch anmutiger läuft als ich nüchtern. Als ich mich sicher genug fühle, wage ich einen Ausflug um die nächste Kurve. Noch ist alles flach hier, aber ich kann die Steigung schon sehen. Und dann zieht das Gelände plötzlich an. In der Waagerechten im Schnee herumzustolpern, ist anstrengend genug, aber nun geht es den Berg hinauf – der Hammer. Keuchend und schwitzend stampfe ich bergauf, was an Technik fehlt, mache ich mit Krafteinsatz wett. Oben eine kurze Erholungspause, dann der nächste Anstieg. Ganz oben angelangt lasse ich mich völlig entkräftet in den Schnee plumpsen. Wahnsinn, ich bin schon 1,5 Kilometer geskatet. Vancouver 2010, ich komme! Ich hole das Handy aus dem Sack, rufe die Gattin an.

„Ich bin ein Skater, hol mich hier raus."

Die Gattin kommt mich mit dem Auto holen, bringt mich zum Skiverleih. Pirmin macht große Augen, als ich die Skier schon wieder zurückgebe.

„Is ned guat gange?"

„Ging ein bisschen schwer", schwadroniere ich.

„Vielleicht das falsche Wachs?"

„Scho möglich", meint er und seine Augen funkeln.

Ein Penny für deine Gedanken, Pirmin.

„Was kosten denn die Klassischen pro Tag?", flüstere ich ihm leise zu und sehe mich vorsichtig um.

Omma und Oppa Kasuhlke sind auch da und geben ihre Leihskier zurück.

„Wie war's, Toni?", ruft der Pirmin hinüber.

„Super!", sagt Toni Kasuhlke. „Mir san bis zum Vilsalpsee und zurück gfahrn."

„Wie weit ist das denn bis zum Vilsalpsee und zurück?", erkundige ich mich bei Pirmin.

„40 Kilometer ungefähr."

Ach du Scheiße, das ist ja ein Marathon! Ich glaub', Langlauf ist nichts für die Laufsau. Schuster, bleib bei deinen Leisten, denke ich mir. Pirmin sieht mich auffordernd an.

„Klassisch also?"

„Nee, lass man gut sein, Pirmin", antworte ich. „Ihr verleiht doch auch Schlitten, oder?"

Die heimliche Mocki

Es gibt die Laufsau und es gibt die sportlichen Untertreiber. Frauen untertreiben am liebsten. Wenn diese Untertreiberinnen dann mit der Laufsau aufs Feld gehen, ist klar, wer abkackt.

Die Babs kenne ich noch vom Studium. Eine echt schwäbische Wetterhex, Beine bis zum Hals, lebt sie inzwischen in Leipzig und arbeitet dort bei einem Verlag. Sie weiß, dass ich laufe, und ich weiß, dass sie – mal eben so zum Spaß – mit dem Fahrrad durch Neufundland fährt, oder von Sizilien zum Nordkap. Für den guten Zweck. Im Urlaub! Wenn die Laufsau im Sommer Urlaub macht, ist das primäre Ziel die Vermeidung jeglicher körperlicher Anstrengung (Matratzengymnastik mit der Gattin ausgenommen) und jeden Abend eine Pastaparty, vierzehn Tage lang. Sportlicher Ehrgeiz im Sinne von Wettkämpfen ist Babs fremd, aber ich wette, ihr Alltags- und Urlaubstraining beschenkt sie mit einem einstelligen Ruhepuls. In einem Anfall von Großmut hat die Laufsau der Babs einmal eine alte Pulsuhr vererbt. Ich gebe zu, das Ding war sowieso im Eimer und ich musste es wenigstens nicht auf die Sondermülldeponie fahren.

Nun mailt die Babs. Hallo Laufsau, die Pulsuhr ist echt toll, obwohl ich nicht weiß, ob sie nicht kaputt ist, denn selbst wenn ich sehr schnell laufe, zeigt die höchstens mal 130 an. Haha. Scherzle gmacht, keiner glacht, schreibt die Laufsau zurück. Gib doch zu, dass du in Topform bist, Mockischwester. Hoffentlich muss ich nie gegen die Babs antreten, ich wäre verloren. You got mail, tüdelüt macht der Computer! Hallo Laufsau, ich bin nächste Woche in Stuttgart, kann ich bei euch übernachten? Ich bringe die Laufschuhe mit! Herrje, Babs, das ist ein abgekartetes Spiel, aber die Gattin lässt sich nix anmerken, guckt unbeteiligt wie immer, als ich ihr vom bevorstehenden Besuch aus Leibtsch erzähle. Die Babs ist da, es kommt, wie es kommen muss. Wir schnüren die Stiefel und treten vor die Haustür. Sie wiegelt ab: Du, ich bin total unfit, bitte lauf gaaanz langsam. Na klar, Paula, für dich in Zeitlupe.

Wir tippeln los. Ich finde das Tempo recht angenehm, aber die Babs schnauft gar nicht richtig. Okay so?, frage ich sie. Klar, von mir aus können wir bisschen schneller, meint sie. Ich drehe auf. Geht so gerade noch, aber man will seinen Gästen ja was bieten. Die Babs lächelt. „Kann ruhig noch mehr", fordert sie mich auf und ich frage mich, wo ich hier im Wald ein Sauerstoffzelt herbekomme. „Lauf du ruhig dein Tempo, ich komm schon irgendwie mit", muntert sie mich auf. Mein Tempo war vor zwanzig Minuten, Fräulein. Keine Blöße geben, Laufsau, du lässt dich nicht von einer Frau versenken. Ich lege einen Zahn zu. Meine Pulsuhr ist absichtlich auf einen irre hohen Maximalpuls eingestellt, damit sie nicht immer piept und blinkt, wenn die Laufsau ein bisschen drüber ist. Es piept, es blinkt und hört nicht auf. „Was piept denn da bei dir", erkundigt sich Babs. Ach nix, ich bin noch nicht im Trainingspuls, schneide ich auf. Na, ich kann noch schneller, wenn du willst, erwidert sie. Laufsau, du Depp, was hast du jetzt wieder angerichtet. Ich steigere, aber das ist dann wirklich das Ende der Fahnenstange. Ich hatte noch keinen Tempolauf diese Woche. Diesen Monat. Diese Saison, um ehrlich zu sein. Meine GA1 ist toll, aber mit einem 8er-Schnitt gewinnt man keinen Blumentopf. Ich renne, renne und renne weiter wie ein Verrückter. Meine Lunge hört sich an wie Darth Vader, bei dem gleich die Sicherung für die Beatmungsmaschine rausfliegt. Mir treten Adern an Stellen hervor, von denen ich nicht einmal wusste, dass sich dort Adern befinden. Irgendwer hat mir Zement in die Schuhe gegossen. Mit dem Lauf-ABC hat mein Stil nichts mehr gemein – ich taumele, wie der Beckstein, wenn er vom Schottenhamel-Festzelt zum Parkplatz läuft. Die Babs schwebt derweil wie eine Feder neben mir her. Und erzählt und erzählt und erzählt. Von ihrem Verlag, von ihrem Lover, von ihren Fahrradtrips. Und ich mache den Mund außer zum Atmen gar nicht mehr auf, weil ich sonst ins Gebüsch kotzen muss.

Nach 40 unendlich langen Minuten erreichen wir wieder die Heimat. Ich krieche die Treppe rauf und kratze mit den Fingernägeln den Lack von der Haustür, zur Klingel schaffe ich es nicht mehr hoch. Die Babs atmet einmal tief durch. Das war erfrischend, sagt sie, aber heute bin ich nicht so fit, danke, dass du langsam gemacht hast. Frauen haben's irgendwie drauf. In deiner dunkelsten Stunde zünden sie ein freundliches Lichtlein an, und dann fackeln sie dich damit metaphorisch ab. Gern geschehen, würge ich raus und ziehe mich über den Steinboden ins Wohnzimmer.

Bei der Verabschiedung meint die Babs. Du, ich hab überlegt, vielleicht beim Stuttgart-Lauf mitzumachen, du bist doch da auch immer, wir könnten zusammen starten! So ein Dreck, das kommt davon. Babsens Tempo halte ich im Leben keine zwei Stunden durch. Obwohl, bei dem Tempo sind wir entweder in eineinhalb Stunden im Ziel, unwiederholbare PB für die Laufsau mit persönlicher Zielzeitläuferin. Oder ich breche bei Kilometer 14 mit Herzstillstand auf der Strecke tot zusammen, das ist wohl auch die wahrscheinlichere Option. Aber lieber tot als Letzter der Altersklasse. Die Gattin springt für mich in die Bresche. Der Marc kann dieses Jahr gar nicht in Stuttgart laufen, der hat doch den Marathon im Oktober. Danke, Schnuppilein, du hast mich gerettet! Obwohl, eineinhalb Stunden für 'nen HM wär schon geil gewesen …

Laufsaus Laufberatung

In Laufsaus Schädel befinden sich schwimmend gelagert knapp drei Pfund Gehirn, bei der Gattin sind es 150 Gramm weniger.

Das ist nicht sexistisch, sondern wissenschaftlich erwiesen und stelle niemand es in Frage, der sich nicht nachweislich durch alle frooglepupillionen Wikipedia-Artikel zu dem Thema geklickt hat. Gehirnmasse hat gar nichts mit Intelligenz zu tun, sonst würde die Gattin ja auch Marathon laufen.

Zu wenig Kapazität also, um mein immenses gesammeltes Fachwissen im Bereich Langstreckenlauf zu speichern. Ich spüre dann immer so einen Druck hinter der Stirn, und der lässt erst nach, wenn ich irgendeiner armen Seele im Fünften Element (eine Kneipe in Ludwigsburg) zu fortgeschrittener Stunde die Feinheiten meiner Lieblingssportart nahe bringen und meinen Cortex vom Theorie-Laufmüll befreien durfte. Das ist nicht aufdringlich, dass mir hier kein falscher Eindruck entsteht. Ich musste mir erst einmal dreißig Minuten lang einen Vortrag über handgefertigte Highend-Boxen von einer Firma namens Isophon anhören und warum es wahnsinnig toll ist, darauf DJ Ötzi zu hören.

Richtig, DJ Ötzi auf 8.000-Euro-Boxen. Da hört man angeblich Sachen, die man auf keiner Anlage sonst je hört. Sachen, von denen vermutlich nicht mal DJ Ötzi selber etwas ahnt. Was könnte ich mit 8.000 Euro machen. 50 Paar Laufschuhe kaufen und dann noch Polars teuerstes Stück mit allen Extras und einen iPod, und da wäre mit Sicherheit nicht DJ Ötzi drauf. Aber was soll man von einem Typen erwarten, der Schweini heißt, genau wie der Bayern-Mittelfeldspieler, nur dass bei Letzterem Schweini der Spitzname ist. Ich hatte ihn eher zufällig kennen gelernt, wir saßen Freitagabend am selben Tisch, und dauernd liefen Leute vorbei, die riefen ihm zu: He, Schweini, wie geht's, und: He, Schweini, wie läuft's im Kieswerk? Und irgendwann bei Weizen Nummer Acht und so mitten drin im Isophon-Vortrag frag ich ihn: Du Schweini, wie heißt du eigentlich wirklich? Und er glotzt mich an wie eine Wildsau, dass ich denke, jetzt krieg ich gleich eins in die Fresse, und fragt: Wieso, ich heiß einfach Schweini, nur Schweini. Vermutlich hat er über seine ganzen Biere im Laufe der Jahre seinen wirklichen Namen schlicht vergessen. Na, was steht denn in deinem Führerschein, frage ich. Hab ich nicht, antwortet er, vor drei Jahren abgenommen, und spielt gedankenverloren mit seinem BMW-Schlüssel.

Schweini hat noch nicht den letzten Satz fertig gesprochen, da leite ich geschickt über zu meinem Thema. „Ich höre ja wenig Musik, sage ich, manchmal beim Laufen". Er glotzt mich wieder an wie ein Tier aus dem Wald. Laufen – sagt er. Es hört sich nicht an wie eine Frage. Eher so wie: Laufen also, nicht Autofahren. Der Schweini kann sich nicht vorstellen, dass es Wege gibt, die man absichtlich nicht mit dem Auto zurücklegt. Ich offenbare mich. Der Schweini ist schierer Unglaube, personifizierte Fassungslosigkeit. Joggen, freiwillig, durch den Wald, der Gesundheit zuliebe und dem Ehrgeiz geschuldet, das ist ihm absolut fremd. In meinem Bekanntenkreis gibt es auch Menschen, die meine Leidenschaft mit den Worten kommentieren: „Also das wär ja nichts für mich, da immer so allein durch die Landschaft rennen." Aber der Schweini ist was Besonderes. Wäre ich der Dr. McCoy, er wäre Mr. Spock. Zwei verschiedene Planeten, Millionen Lichtjahre voneinander entfernt. Zufällig in dieselbe Kneipe gebeamt, Koordinatenfehler von Scotty. Aber ich räche mich für die Isophonfolter.

Schweini, das musst du unbedingt mal probieren, rede ich auf ihn ein, das ist echt ganz wichtig für deine Gesundheit. Dem armen Kerl hängen schon die Augenlider auf Halbmast. „Ich geb dir mal ein paar Tipps, ok, was du auf keinen Fall machen darfst, wenn du anfängst", geht es weiter. Er ist zu besoffen, um Widerstand zu leisten. „Das Wichtigste ist, du darfst nicht zu langsam laufen, sonst bringt das alles nichts, da kannst du gleich walken", steige ich ein. Schweinis glasige Augen fixieren einen Punkt hinter mir, er schwankt schon sanft.

„Dann musst du auch ordentlich lange laufen, weniger als eine Stunde am Tag bringt gar nichts, und du musst jeden Tag rennen, sonst ist der Trainingseffekt gleich für den Arsch", fahre ich fort. Schweini stößt auf, die Kellnerin stellt ein neues Hefe vor ihn hin.

„Dehnen kannst du dir schenken", winke ich ab, „bringt gar nix, wissenschaftlich erwiesen von so Wissenschaftlern". Schweini gähnt, sein Gebiss hat etwa die gleiche Farbe wie seine Fingernägel. „Wenn du krank bist und Fieber hast, einfach weglaufen die Erkältung", doziere ich, „ist das beste Heilmittel". Ihm wird schon ganz heiß, er wischt sich mit dem Ärmel den Schweiß von der Stirn.

„Iss ordentlich was, bevor du losläufst, sonst kackst du auf der Strecke voll ab. Am besten was mit viel Fett, ein schöner Schweinebraten gibt die nötige Energie für einen langen Lauf." Schweini rülpst und stürzt sein frisches Hefe hinunter. Die Kellnerin bringt Nachschub.

„Und zu guter Letzt noch was ganz Wichtiges", schließe ich meinen Vortrag: „Trink nicht so viel, das Zeug schwappt dir nur im Bauch rum und macht dich langsam". Der Schweini reißt entsetzt die Augen auf. „Hoppla" denke ich mir, „jetzt habe ich ihn gepackt." Er springt vom Stuhl auf, klammert sich mit den Händen an die Tischkante, schwankt einmal vor und zurück und kotzt dann auf den Tisch. Die Gattin und ich springen geistesgegenwärtig auf und davon.

„Hast du ihm wieder eine Lehrstunde übers Laufen gehalten", wirft sie mir vor, als wir im Auto sitzen. „Der hat doch nicht deswegen gekotzt", erwidere ich. „Na, ich weiß nicht", sagt sie, „das ist jetzt schon der Zweite in zwei Wochen." „Sehr witzig", sage ich, „der Toni letzte Woche, der hatte 'ne Fischvergiftung von den Muscheln beim Italiener". „Aber da ging's auch ums Laufen", meint sie, „und prompt muss der spucken." „Reiner Zufall", wehre ich mich.

Den Schweini treffe ich übrigens ein paar Tage später im Kieswerk, als ich mit Sohn#1 Sandkastensand hole. Er sitzt in einem Monsterbagger, die Kippe im Mundwinkel, und schaufelt Kies von einem Lastenkahn. Ich winke ihm zu und rufe: He, Schweini, hast du schon angefangen mit trainieren?" Er guckt zu mir rüber, kratzt sich am Kopf und schreit, „muss ich dich kennen?" „Wer ist der Mann, Papa?" fragt Sohn#1. „Ein Laufkollege", antworte ich ihm. „Anfänger, aber er weiß noch nichts davon."

Danke, Frau Merkel ...

... für das Konjunkturpaket II. Ich war gleich gestern nach Bekanntgabe der Informationen beim ortsansässigen Orthopädiekettenoligarchen. Die Gattin staunte nicht schlecht, als sie mich mit den neuen New Balance RC 152 unterm Arm in der Haustür stehen sah.

„Ich denke, wir müssen sparen, jetzt in der Weltwirtschaftskrise?", neckte sie mich.

„Kinderbonus, Baby, Kinderbonus!", lachte ich sie an.

„Für den Rest hol ich mir noch 'ne ultraschicke Sportbrille."

Höllentrip

Die Laufsau begegnet dem Leibhaftigen in Gestalt eines Fitnesspapstes. Und der macht ihr ein Angebot, das sie nicht ablehnen kann.

Einmal im Monat darf ich globaler Weltbürger spielen. Dann schickt mich mein Chef für zwei Tage nach England, um mich mit den Kollegen auszutauschen. Und diese zwei Tage kosten mich jedes Mal ein Lebensjahr: Der Wecker klingelt um zwanzig nach vier, um zehn vor fünf steht das Taxi vor der Tür, um zehn vor sieben sitze ich im Flieger. Ich will mich keinesfalls beschweren, andere stehen den ganzen Tag bei Daimler am Band und malochen. Wenn aber die Nacht zuvor wieder mal kurz war, fallen mir meistens schon kurz nach dem Start die Augen zu und ich sinke hinab ins Reich der Träume. Auch diesmal übermannt mich die Müdigkeit, aber schon kurze Zeit später wache ich wieder auf, und obwohl beim Start der Platz neben mir noch leer war, sitzt nun jemand an meiner Seite.

Es ist ein älterer Herr, einer von der Sorte „Ich bin so alt, wie mein plastischer Chirurg mich lässt". Seine makellos gebräunte Haut spannt sich über die markanten Züge, das Gesicht umrahmt von schlohweißen Haaren, auf der Nase eine randlose Brille. Die eingefallenen Wangen und die muskulösen Unterarme unter dem hochgekrempelten Hemd lassen auf einen sportlich aktiven Mann schließen. So ganz kann er sein Alter jedoch nicht verleugnen, seine Hände sind fleckig und faltig, die Adern auf seinen Armen zeichnen sich deutlich ab. Er bleckt eine Reihe falscher oder künstlich geweißter Zähne und grinst mich breit an.

„Hallo, Laufsau!"

„Kennen wir uns?", frage ich unsicher zurück.

„Die Frage ist, ob du mich kennst!", keckert er mit seiner hohen Stimme. Ich mustere ihn von oben bis unten. Irgendwoher kommt mir diese künstliche Jugendlichkeit bekannt vor ... das kann doch nicht sein, oder?

„Dr. Strunz?"

„Guck noch mal genauer hin!", fordert er mich auf.

Nun fallen mir erst die kleinen Hörner links und rechts an seiner Stirn auf und auch, dass der linke Fuß nicht in einem teuren Anzugschuh steckt, sondern die Form eines Pferde- oder Geißenhufs hat.

„Also wenn Sie nicht Uli Strunz sind, dann sind Sie der Teufel."

„Brav, Laufsau, brav. Ich leihe mir manchmal eine menschliche Gestalt, wenn es mir zur Erreichung meiner Ziele förderlich scheint", belehrt er mich.

„Was wollen Sie denn von mir, Herr ... äh ... Teufel?"

„Ich will dir ein Angebot machen. Eines von der Sorte, die du unmöglich ausschlagen kannst. Wie du dir aufgrund meines Äußeren vorstellen kannst, hat es mit dem Laufen zu tun. Was würdest du sagen, wenn ich dir anböte, jedes Rennen abzuschließen und das noch in persönlicher Bestzeit? Egal wo du startest, 10 km, Halbmarathon, Marathon, Ultralauf, Ironman, egal was, egal wo. Jedes Rennen schneller als das vorherige. Und alles ganz ohne Training."

„Na, wie schnell könnten Sie mich denn für den Marathon machen? Unter dreieinhalb Stunden?", erkundige ich mich bei ihm.

„Willst du mich beleidigen?", zischt er mich an.

„Unter drei?"

„Warum nicht?", erwidert er gelangweilt.

„Unter zweieinhalb?"

„Nicht unmöglich."

„Unter zwei?"

„Führe mich nicht in Versuchung, Laufsau. Da kämen wir beide ein bisschen in Erklärungsnot. Du beim DLV und ich bei meinem Chef", meint er und richtet einen kritischen Blick nach oben.

„Und was kostet mich der Spaß?", frage ich.

„Nur eine kleine Unterschrift hier, hier, hier und hier."

Blitzschnell hat er aus seinem Jackett ein paar lose Seiten gezogen, sie dampfen ein wenig und verbreiten Schwefelgeruch. Das Kleingedruckte verdient die Bezeichnung, denn es ist für jemanden mit nur 100 % Sehfähigkeit wie mich absolut unleserlich.

„Gibt's irgendwelche Ausstiegsklauseln für mich?"

Er bricht in Hohngelächter aus. Ich sehe mich nervös um, aber außer mir ist niemand sonst in dem Flugzeug. Dabei hätte ich geschworen, mit mir seien zwanzig oder dreißig andere Passagiere eingestiegen.

„Also, Laufsau, hopp oder top?"

Eindringlich starrt er mich an. Gott, ist das schwer. Ohne Anstrengung immer vorne dabei. Den Jungs und Mädels vom Lauftreff endlich mal die Rücklichter zeigen. Im goldenen Startblock stehen, direkt hinter Haile, Dieter und Sabrina. Ins Ziel fliegen, ohne Muskel-, Wein- oder sonstige Krämpfe. Wahnsinn. Die eigene Seele ist ein geringer Preis dafür, denke ich mir.

„Haben Sie was zum Schreiben?"

Der Strunzteufel zieht einen dunkelroten Füllfederhalter aus der Tasche, schraubt ihn auf, zum Vorschein kommt eine teuflisch spitze Feder. Er grinst mich an: „Ich brauche nur noch ein bisschen Tinte!", und rammt mir das Schreibgerät in den Unterarm.

Mit einem Aufschrei erwache ich schweißgebadet. Und blicke direkt in das sonnengebräunte, blondierte Gesicht von Frauke Strabitzky, jedenfalls steht dieser Name auf ihrem Namensschild. Der Platz neben mir ist wieder leer, das Flugzeug voll.

„Was darf ich Ihnen zu trinken anbieten? What would you like to drink, Sir?"

„Einen Cognac bitte. Ach nein, geben Sie mir gleich einen doppelten."

„Zum Frühstück? Sind Sie sicher? Wollen Sie nicht lieber eine Tasse Kaffee?"

Nein danke, Saftschubse, ich brauch jetzt was Hartes. Dem Teufel von der Schippe gesprungen, gerade noch so. Wahnsinn.

Obwohl, Marathon in 2:30, das wär schon geil gewesen.

Lauf-ABC, die Erste

Dieter Baumann versucht erfolglos, Hochdeutsch zu sprechen, und die Laufsau denkt an Monty Python.

Vorgestern war Dieter Baumann in meinem Büro. Ich saß nichtsahnend vor dem Laptop und legte eine DVD ein, die mir ein guter Freund, der damals bei Klett arbeitete, Jahre zuvor geschenkt hatte. „Interaktiver Lauftrainer" stand darauf. Ein gut gemeintes Läufergeschenk, aber wie so viele gut gemeinte Läufergeschenke ging es den Weg alles Irdischen – es landete in der großen Kiste mit digitalem und analogem Halbseidenen. Spieledemos begegnen dort Gratis-Tool-CDs aus Computerheften, und der virtuelle Lauftrainer fristete ein trauriges Dasein in direkter Nachbarschaft einer Tüte Urzeitkrebspulver aus Yps Nr. 25, die ich für Sohn#1 aufgehoben habe.

Im Zuge meiner Recherchearbeiten für den kürzesten Halbmarathontrainingsplan der Welt (der nun kraft meiner Bemühungen um die Trainingslehre auf einem Bierdeckel Platz findet) kramte ich dieses Medium wieder heraus. Ich blicke also frohgemut auf den Bildschirm und harre der Dinge, die da kommen werden, und er blickt zurück: Baumann, die schwäbische Brillenschleiche. Er ist gerade drei Jahre älter als ich und läuft den Halbmarathon immer noch in wenig mehr als einer Stunde. Geballte läuferische Kompetenz also, multimedial vermittelt.

„Ihrähn Laufstil, ihrä Lauftächnik könnet Sie mit Koordinationsübungän, mit einäm Lauf-ABC verbässern."

Mir könnet alles, außer Hochdeutsch. Er bemüht sich sichtlich, der Dietär, das Wort Koordinationsübungen geht ihm jedoch schwer über die Lippen. Ich stelle mir vor, wie der Regisseur sich nach dem 24. Take die Haare rauft und dem Dieter mit mühsam zurückgehaltener Verzweiflung zuruft: „Es heißt KO-OR-DI-NA-

TIONS-ÜBUNGEN, Dieter. Das kann doch nicht so schwer sein! Noch mal bitte!" Und sich dann seinem Kameramann zuwendet: „Ich kann so nicht arbeiten, so kann ich nicht arbeiten."

Der Dieter erklärt mir also, dass ich meinen Stil verbessern muss. Dafür gäbe es das Lauf-ABC, eine Sammlung von Technikübungen, und die macht er mir dann auch gleich mal vor.

Übung A – Skippings: Sieht aus wie Michael Jacksons Moonwalk unter einer mehrfachen Überdosis Guarana. Baumann tippelt auf den Zehenspitzen mit schneller Vorwärtsbewegung und schlenkert mit den Unterarmen auf und ab, als wolle er sich an einer Reling entlanghangeln. Dabei faselt er etwas von minimalem Raumgewinn und Fußgelenksarbeit, aber ich verstehe kein Wort. „Wichtig ist, dass Sie eine hohe Bewägungsfrequenz ha-BÄN." Mit Betonung auf BÄN, das hat ihm sicher der Regisseur befohlen. („Dieter, sonst versteht dich doch oberhalb des Mains kein Mensch mehr!")

Übung B – Kniehebelauf. Ich sehe Baumann und denke an Cleese. Es gibt einen wunderbaren Sketch von Monty Python über das Ministry of Silly Walks, das Amt für komische Gangarten. Darin führt John Cleese mit Anzug und Melone einige Gangarten vor, und die Diskrepanz zwischen seinem seriösen äußeren Erscheinungsbild und dem sinnfreien Herumgehampel nötigt mich immer zu Lachkrämpfen. Zu Baumanns Vorführung gehören auch Bonmots wie „Nehmen Sie ihre Arme aktiv mit!". Danke für den Tipp, Dieter, ich hätte meine Arme glatt abgeschraubt und am Wegrand liegen lassen.

Übung C – Anfersen: Man versucht, vereinfacht, sich selbst mit den Hacken in den Hintern zu treten. Möchte lieber nicht wissen, was die Gattin sagt, wenn sie mich nach dem Training unter der Dusche mit rot gemusterten Arschbacken sieht. Der Dieter sagt Gesäß, nicht Arsch, wobei der wahrscheinlich lieber Ärschle sagen würde. Ich lasse die Gedanken schweifen. Das ergäbe dann ein Gesäßgeweih, statt eines Arschgeweihs. Klingt irgendwie nett.

Nun ist aber genug mit Video gucken, die Laufsau muss ja ab und zu auch noch mal arbeiten. Doch der Plan steht: Nächsten Sonntagnachmittag habe ich ausreichend Zeit, Willen und Material:

Am Neckar unten ist die Strecke eben, ich werde ein Mann des Stils. Wer A sagt, muss auch Ärschle sagen. Lauf-ABC, ich buchstabiere dich.

Lauf-ABC, die Zweite

Die Laufsau macht sich öffentlich zum Narren,
und ein paar Walker rufen beinahe den Irrenarzt.

Ich wollte ein Mann der Tat sein. Einen Plan hatte ich, ausreichend Zeit und das passende Wetter dazu. Heute würde ich in die läuferische Sonntagsschule gehen: Ein ABC-Schütze mit Pulsmesser und Schrittzähler. Eigentlich war ich immer gerne zum Unterricht gegangen, nur eines fürchtete ich wie die Pest: vor Mitschülern Proben meines Könnens abzugeben, sei es als Referat oder gar als Vorturner im Sport. Und mich so dem allgemeinen Spott preiszugeben.

Ich nutzte den Weg hinunter zum Neckar für eine Aufwärmrunde. An der Schleuse angekommen dämmerte es mir: Ich würde mein Lauf-ABC nicht ohne Zeugen absolvieren können. Offen gestanden würde der Zeugenstand hier größer und schillernder ausfallen als bei Michael Jacksons Kinderschänderprozess. Der Neckartal-Radwanderweg ist nämlich so etwas wie die A8 für Mountainbiker. Eine quasi mehrspurige Fahrrad-Schnellverbindung zwischen Mannheim und Rottweil. Läufer sind hier ungefähr so willkommen wie albanische Pistazienlaster am Irschenberg. Vor allem an Wochenenden und besonders bei Sonnenschein hält man sich besser fern von diesem schmalen, notdürftig asphaltierten Weg und den bunten Lebewesen, die ihn alleine oder in Viererketten mit der Geschwindigkeit einer Gewehrkugel herunterjagen. Da stand ich nun und blickte verunsichert auf den Fluss. Hinter mir ging es in alle Richtungen nur bergauf, nicht das richtige Terrain für Technikübungen. Linker Hand zwei polnische Großfamilien vor ihrem Ford Transit. Sie hatten auf der Neckarwiese neben der Strecke tapeziertischgroße Grillstationen installiert und breiteten gerade den Tagesdurchsatz einer mittelständischen Metzgerei auf dem Rost aus. Beinahe wäre ich hingegangen und hätte mir ein paar Cevapcici erbettelt, man kann nie genug Aminosäuren haben.

„Aus dem Weg, du Penner!", brüllte jemand von rechts.

Noch bevor ich den Kopf wenden konnte, raste ein orangefarbener Schatten knapp vor mir vorbei und hinter ihm drei weitere orangene Farbkleckse, alle im gleichen Outfit, mit identischen Rädern und Helmen. Ein Altherrenklub auf Fahrradtour, dachte ich mir. Man sollte keine eng anliegenden Trikots tragen, wenn einem die Fettschürze derart über den Hosenbund quillt.

Aber ich hatte nun mal einen Plan, ausreichend Zeit und das passende Wetter dazu, und nichts und niemand würde mich davon abhalten, mich nun öffentlich lächerlich zu machen. Skippings also, Übung A. Ich schloss die Augen und dachte: „Moonwalk, Jacko, Moonwalk!" In tiefster Konzentration öffnete ich die Augen. War das ein weißer Handschuh, da an meiner Rechten? *She says I am the one, but the kid is not my son.* Mein Körper verströmte Kraft und im selben Moment löste sich alle Spannung und ich wurde weich und biegsam wie eine Schlange. Ich setzte mich langsam in Bewegung und floss und wogte und strömte nach vorne. Meine ganze Gestalt war ein einziges Fließen und Wogen und Strömen den Neckartal-Radweg hinunter.

Eine Gruppe Pfadfinder bog um die Ecke und erblickte einen Mann mittleren Alters in Tchibo-Laufkleidung, der ihnen verzückt mit halb geschlossenen Augen entgegentaumelte. Offensichtlich versuchte er sich mit mäßigem Erfolg an einer Michael-Jackson-Parodie. Er hatte den rechten Arm und drei Finger der rechten Hand nach unten ausgestreckt und hielt mit der linken einen imaginären Hut auf seinem Kopf fest. Ich hörte die ersten Mädchen hysterisch lachen. Eine holte ihr Handy heraus und fing an, mich zu filmen. Na toll, jetzt würde ich eine Youtube-Berühmtheit. Sechs Millionen Downloads und übermorgen würden mir die Lauftreffler das Video in einer E-Mail schicken: „Bist du das?"

Ich bog ab und versteckte mich erst einmal im Wald, bis sich die Scouts verzogen hatten. Aber jetzt fing es erst an, Spaß zu machen.

Übung B: Kniehebelauf. Erst mal keine Zuschauer. Ich trabte los, versuchte, die Knie bis zur Brust zu heben. Dieter Baumann hatte befohlen, die Arme aktiv mitzunehmen. Ich nahm meine Arme dermaßen aktiv mit, dass ich mir mit der rechten Faust versehentlich die Nase blutig schlug. Eine weitere Pfadfindergruppe stapfte aus dem Wald, andere Farben, aber die gleichen Pickelfressen. War das ein gottverdammtes Europa-Pfadfindertreffen hier am Neckar? Und ich war mitten hineingeraten? Wieder hysterisches Lachen, wenn auch die Blicke diesmal etwas besorgt schienen. Offenbar hielten die mich für einen ausgebrochenen Irren. Wieder Video-Handys, meine Youtube-Präsenz wuchs. Ich machte mir nicht mehr die Mühe, mich zu verstecken, sondern hüpfte mit blutverschmiertem Gesicht und herausgestreckter Zunge am Fähnlein Fieselschweif vorbei.

Anfersen, Übung C: Mein Knie war schon beim Start nicht in bester Verfassung gewesen, aber das Anfersen gab ihm den Rest. Nach vier, fünf Schritten vernahm ich ein sehr eigentümliches Geräusch, dann folgte der Schmerz. Er war so durchdringend und stechend, dass ich die Übung aufgab. Nun musste ich also nach Hause humpeln. Zu allem Überfluss fing es an, in Strömen zu regnen, Schutzkleidung hatte ich natürlich keine dabei. Wenige Minuten später kam mir ein älteres Paar entgegen. Sie trug Walkingstöcke und Funktionsbekleidung, er Lodenmantel mit Jägerhut, dabei zog er eine lange Hundeleine hinter sich her. Ich gab wohl eine ziemlich jämmerliche Figur ab. Humpelte klatschnass mit blutigem, schmerzverzerrtem Gesicht durch den Wald. Kaum hatte mich die Dame entdeckt, stürmte sie schon auf mich zu.

„Brauchet Sie Hilfe? Sie sehet ja schrecklich aus! Sind Sie angfahre worde?"

Ihr Mann holte sein Telefon aus der Tasche und tippte die Nummer vom Notruf ein.

„Lassen Sie nur, ich bin am Trainieren", beruhigte ich sie.

„Trainieren? Ja, mein Gott, was trainieret sie denn?"

„Marathon", stöhnte ich.

„Und übrigens", ich deutete hinter ihren Mann, „Sie haben ihren Hund verloren."

Ihr Mann blickte sich ungläubig um und starrte fassungslos auf das leere Halsband am Ende der Leine.

„Carlo, um Gottes Wille, wo ist denn der Carlo gebliebe? Heinz, jetzt tu doch was!", blaffte sie ihren Mann in Panik an.

Ich humpelte schnell weiter, das war nun doch zu viel für einen Trainingstag.

Nachdem die Gattin mich mitfühlend verarztet und sediert hatte, verzog ich mich ins Büro und sann über mein Training nach. Eigentlich war mein Laufstil gar nicht so schlecht. Technik wurde sowieso total überbewertet, also pfeif aufs Lauf-ABC. Ich legte noch mal Baumanns CD ein und amüsierte mich über seine Skippingvorführung, da meldete sich der Computer: You got mail. Es ist der Scheff vom Lauftreff.

„Hey, Laufsau, bist du das auf dem Video? Hab ich gerade auf Youtube gefunden!"

Scheiß Internet.

Dr. Knochenbrech Reloaded

Intervalltraining gibt Tempohärte und macht schneller. Wenn es aber am Tag danach im Knie schmerzt, kann nur einer helfen.

„Finalgon extra stark", meinte Dr. Knochenbrech, der Gebein-Guru der Laufsau. „Dreimal täglich dünn auftragen und danach gründlich die Hände waschen."

Mit diesen Worten schob er mich aus dem Behandlungszimmer, aber meine Ohren standen schon auf Durchzug. Das Intervalltraining am Montag war wie erwartet verlaufen: Die ersten hundert Meter kam ich mir vor wie Uta Pippig und danach wie Dr. House: Ein paar bunte Pillen wären nicht schlecht gewesen, ebenso eine Prise Lachgas aus der Hausapotheke, und ein Gehstock war lebensnotwendig. Auf dem Rückweg vom Stadion hörte ich ihn schon röcheln, meinen zerbröselten Meniskus.

Ich verließ also Dr. Knochenbrechs Praxis und steuerte geradewegs auf den Ort zu, der mir die letzten Monate zur zweiten Heimat geworden war: die Apotheke am Marktplatz.

„Nach der Anwendung gut Hände waschen", ermahnte mich auch die Apothekerin, während ich versonnen das Arsenal aus Umckaloabo, Apfelessig-Kapseln und Latschenkiefer betrachtete: Mickymaus-Doping für Gelegenheits-Athleten wie die Laufsau.

Wenige Stunden später lagen die Kinder im Bett, und die Laufsau massierte hingebungsvoll fingerdicke Stränge aus Sportsalbe in das unbotmäßige Knie, derweil die Gattin die Wäsche zusammenlegte. Während sie im Anschluss mit einem guten Buch bewaffnet das Ehebett bestieg, warf ich noch einmal den Computer im Büro an, um die verlorene Stunde des Intervalltrainings nachzuholen. Beim Schreiben rieb ich mir aus Müdigkeit geistesabwesend einige Male die Augen und spürte sofort ein Schwellen und heftiges Brennen. Die Salbe tat also ihre Wirkung. Leider nicht ganz im Sinne des Anwenders. Nicht weiter schlimm, wenn man von den verquollenen, tränenden Augen absieht, aber ich hätte gewarnt sein sollen. Bei Familie Laufsau gilt strenges Sitzpinkelgebot, und normalerweise halten sich die Mitglieder des Haushalts daran, wobei Sohn#2 sich da leicht tut als Windelträger. Ich weiß nicht, welcher Teufel mich ausgerechnet heute ritt, aber vor dem Schlafengehen musste ich unbedingt im Stehen Wasser lassen. Und kaum hielt die große Laufsau die kleine in der Hand, fiel ihr siedend heiß ein, dass das vielleicht keine allzu kluge Idee wäre. Ich ließ den Thronerben erschrocken fallen wie eine heiße Kartoffel und stürzte mit heruntergelassener Hose zum Waschbecken. Zum ersten Mal war ich froh, dass wir kein Bad mit Tageslicht haben, denn hätten die Nachbarn die folgende Szene zu sehen bekommen, wäre ich nicht mehr mit einer Geldbuße wegen einer Ordnungswidrigkeit davongekommen.

Die Borsten einer Nagelbürste sind nicht für die zarte Haut eines männlichen Glieds gemacht, aber in meiner Not griff ich zum erstbesten Instrument am Beckenrand. Alles Schrubben und Seifen half nichts. Oder war es gerade deswegen? Ich studierte die Gebrauchsanweisung des Medikamentes, dort stand zu lesen:

Welche Vorsichtsmaßnahmen müssen beachtet werden?

Verstärkte Hautdurchblutung und möglicherweise leichtes vorübergehendes Jucken oder Brennen an der Applikationsstelle können auftreten. Versehentlich oder zu viel aufgetragene Finalgon Salbe extra stark lässt sich mit Hautcreme oder Speiseöl wieder entfernen.

Jucken konnte ich in meinem Fall nicht bemerken, aber verstärkte Hautdurchblutung, oh ja, die war hier ziemlich deutlich, und nicht nur die Haut. Wo zum Teufel bekam ich nun Speiseöl her? Aus der Küche natürlich. Ich schlich also verstohlen die Treppe hinunter und rieb die kleine Laufsau mit Thomy Sonnenblumenöl ab. Die Küche jedoch hat ein Fenster und das blickt zur Straße. Jedes Mal, wenn ein Auto vorbeifuhr, kauerte ich mich erschrocken hinter die Spüle auf den Boden. Mein Gott, war das peinlich, ich kam mir vor wie ein Teenager. Die Letzte Ölung half nichts, die Salbe wirkte wie beschrieben: Haut, Muskeln und

Gewebe wurden durchblutet wie lange nicht mehr. Ich schlich also resigniert zurück ins Schlafzimmer, die Gattin war noch wach. Mist, ich hatte gehofft, ich könne heimlich unter die Decke schlüpfen, dieser Ausweg blieb mir versperrt.

Die Gattin drehte sich zu mir um, bekam große Augen und rief erschrocken: „Heiliger Bimbam, was ist denn mit deinen Augen passiert?"

Erst jetzt blickte sie nach unten und erkannte das volle Ausmaß der Katastrophe.

„Und … meine Güte, was ist DAS DENN?"

„Na, jetzt behaupte nicht, so was hättest du noch nie gesehen!", antwortete ich verlegen und entschied mich für den Frontalangriff.

Ich zog die Schlafanzughose herab auf die Knöchel und ihr fiel das Gesicht herunter.

„Wieso ist der denn so rot?"

„Abgerubbelt", krächzte ich und erkannte die Enttäuschung in ihrem Blick – fürs Abrubbeln war eigentlich sie zuständig.

„Und was glänzt da so?"

„Speiseöl", erwiderte ich mit gespielter Gelassenheit.

Sie bekam einen misstrauischen Zug um den Mund.

„Sag mal, Laufsau, was hast du eigentlich da oben in deinem Büro getrieben, den ganzen Abend?"

Auf diese versteckte Anschuldigung war ich nicht vorbereitet. Sprachlos und beleidigt schlüpfte ich kopfschüttelnd zu ihr ins Bett. Um halb eins beschwerte sich meine Frau, ich solle endlich das Licht ausmachen und aufhören zu lesen.

„Ich kann nicht schlafen", raunzte ich zurück.

Nicht auf dem Bauch jedenfalls, in meiner Lieblingsposition. Und ich erzählte ihr die ganze peinliche Geschichte. Die Gattin lächelte verschwörerisch.

„Kann ich da vielleicht was machen?"

„Vielleicht", entgegnete ich mit diabolischem Grinsen und biss sie zart in den Hals.

Die Gattin kicherte und ich knipste das Licht aus.

Schutzlos

Die Laufsau schreibt an den Papst.

Ich fühle mich schutzlos. Total ungeschützt. Ich traue mich ja schon gar nicht mehr aus dem Haus! Die wenigen Male, die ich mich mit Laufschuhen in die Gefahren des Alltags begeben möchte, könnte mir sonst was passieren. Ich könnte zum Beispiel jederzeit von einem Mastiff angefallen werden, der sich von der Leine seines Glatzenträgers losgerissen hat. Mir könnte der Himmel auf den Kopf fallen. Oder noch schlimmer: ein Walker. Die Gattin sagt, ich solle mit meiner Jammerei aufhören und endlich laufen gehen, außerdem trügen die Neonazis hier keine Glatzen, sondern Seitenscheitel und seien bei den Republikanern.

Was die Laufsau braucht, ist himmlischer Schutz. Schutz vor bissigen Hunden, fetten Walkern und anderen Läufern. Solchen, die mir ein schlechtes Gewissen bereiten, weil sie dünn, gesund und schnell sind. Schutz vor Regen, tiefen Pfützen und undichter Funktionskleidung. Schutz vor Fersenschmerz, Meniskuszerbröselung und Knochenhautreizung. Kurz: Schutz vor allem, das mir das Laufen verleidet. Ein kirchlicher Schutzpatron muss her! Aber Moment mal, für solche Fälle gibt's doch das Internet als unerschöpfliche Quelle falscher und richtiger Heiliger. Und tatsächlich, es gibt Seiten, die sich mit nichts anderem als Schutzheiligen beschäftigen, da muss doch auch etwas für alte Männer in Polyestershirts zu finden sein.

Das Ergebnis meiner Recherchen lässt sich in einem Wort zusammenfassen: Fehlanzeige. Es gibt Schutzpatrone für jede dahergelaufene Berufs- und Gesellschaftsgruppe: Für Abstinenzler (Martin von Tours) genauso wie für Alkoholiker (Johannes der S[T]äufer). Für die Arbeitspause (Notburg von Rattenberg) ebenso wie für den sanften Tod (Brigitta – ich kannte mal eine Schwester Brigitta auf der Intensivstation). Für Astronauten (Josef von Cupertino), Finanzbeamte (Matthäus, hat sicher viel zu tun), Barkeeper (Bernhard von Clairvaux), Wursthersteller (Rita von Cascia) und sogar Kinoinhaber (schon wieder Johannes der Täufer, ein echtes Multitalent). Aber Läufer? Nix, gar nix. Sogar die doofen Walker haben einen eigenen Patron, Jakobus den Jüngeren. Wanderer (Georg der Märtyrer), Athleten im Allgemeinen (Christophorus, genau, der mit der Plakette), Bergsteiger (Bernhard von Aosta), Sportler im Allmeinen (Sebastian): Alle genießen besonderen göttlichen Schutz.

Nur wir Läufer gehen leer aus. Kein Wunder, liegt mein Training seit Monaten brach, wenn die Dreifaltigkeit da oben sich lieber dicken Weibern mit Alustöcken zuwendet, darum besorgt, dass die auf ihrem 500-Meter-Parcours nicht vor Entkräftung kollabieren.

Aber das hat nun ein Ende. Die Laufsau gründet einen neuen Heiligenkult. Ein Schutzheiliger der Läufer muss her, am besten der Halb- und Ganz-Marathonis, die brauchen dringend einen. DSDS – **D**eutschland **S**ucht **D**en **S**chutzpatron. Ich nehme also am Schreibtisch Platz, ein leeres Blatt Papier und der Füller liegen bereit. Dem Papst kann man ja in so einer wichtigen Angelegenheit unmöglich einfach eine E-Mail schicken. Oder einen Ausdruck aus dem Computer, hier geht es schließlich um Seine Heiligkeit.

„Lieber Papst." Nee, also das geht mal gar nicht.

„Lieber Benedikt." Schon besser.

„In Deutschland gibt es geschätzte 10 Millionen Freizeitläufer, in der restlichen Welt noch viel mehr. Milliarden vielleicht. Vielleicht auch nicht. Viele aber, viel mehr als Walker. Warum dürfen die Scheiß-Walker einen Schutzheiligen haben, wir Läufer aber nicht?" Wahrscheinlich zu pampig, man muss es sich ja nicht gleich verscherzen mit dem Heiligen Vater. „Wenn die Walker einen Schutzheiligen haben, möchten wir bitte auch einen. Am besten einen schnellen! Was halten Sie von Haile Gebrselassie? Der ist Äthiopier, die sind doch auch Christen. Oder gehen nur tote Läufer? Dann eben Waldemar Cierpinski, der ist schon 59, das dauert sicher nicht mehr lange.

Lieben Gruß von der Laufsau."

Eingetütet, Adresse drauf. Da kommt schon das nächste Problem. Was schreib ich jetzt bloß auf den Umschlag? Josef Ratzinger, Rom? Benedikt XVI, Vatikanstadt? Papst, Postfach Petersdom? Mann, das Leben ist schon schwierig genug, auch ohne Schutzheilige ...

Alles eine Frage der Verhältnismäßigkeit

Eine halbe Stunde Laufen. Zwei Stunden Vorbereitung. Da stimmt was nicht.

Es gibt Tage, da zieht jedes Problem ein anderes nach sich. Oft sind das die Tage, wo man morgens hochmotiviert war, gut gelaunt und ausgeschlafen sowieso. Aber wenn es abends dunkel wird, hätte man gerne zwei Benzinkanister und eine Packung Streichhölzer zur Hand, um den ganzen verdammten Laden abzufackeln. Ein Beispiel? Laufsau will Kaffee machen. Da fällt Laufsaus Lieblingstasse runter – kaputt. Beim Aufklauben der Scherben in den Finger geschnitten. Verarztungsversuche misslingen, weil keine Pflaster mehr im Haus. Dann Kaffeedose leer. Einmal runter in den Keller, Kiste mit den Espressopäckchen unauffindbar. Espressomaschine mit Filterkaffee gefüllt. Schwerer Fehler. Milchschaum fällt aus, weil Milchschaumkanne in der Spülmaschine und Laufsau zu faul zum Handspülen. Milch ebenfalls leer. Wieder runter in den Keller. Milch vorhanden, aber abgelaufen. Espressomaschine stirbt den kleinen Tod bei dem Versuch, Filterkaffe zu „expressieren". Ein Espresso: 45 Minuten + 90 Euro Kundendienst für Espressomaschine. Nächstes Mal gehe ich rauf zum Bäcker und sehe dessen Maschine beim Explodieren zu. Da kann ich wenigstens drüber lachen.

Ja, und das Gleiche in Grün passierte mir gestern beim Laufen. Jetzt lauf' ich ja wenigstens wieder, wenn auch nur ein-, zweimal die Woche eine halbe Stunde, um meinen schlimmen Fuß nicht zu strapazieren. Vorbereitung ist das halbe Leben, sagte meine Oma immer, aber die joggte nicht. Und die Wörter Laufsau und Vorbereitung stehen nicht im selben Duden, die stehen nicht mal in derselben Bibliothek. Nach dem Mittagessen fasse ich also den Entschluss. Lauf, du Sau!

12:30 – Die Show beginnt. Laufsau geht erst mal Klamotten suchen. Alles, was da ist, ist entweder zu warm oder zu kalt, zu kurz oder zu lang. Im Keller auf dem Wäscheständer werde ich fündig. Noch ein bisschen feucht, so direkt aus der Maschine.

12:45 – Der Pulsmesser fällt beim Versuch, ihn anzulegen, erst auf den Boden, dann auseinander. Taiwanesisches Mistzeug. Laufsau pfriemelt Batterie wieder rein, dafür brauche ich aber einen Schraubenzieher. Und der ist im Keller. Wo war jetzt noch mal der Werkzeugkasten?

13:05 – Die Laufschuhe sind da, wo sie hingehören, aber der Footpod ist verschwunden. Nehme Sohn#1 ins Kreuzverhör. Erst unter Androhung von *Zehn kleine Krabbelfinger* bis zum Abendbrot führt er mich zum Geheimversteck für verlorene Schätze. Der Footpod befindet sich in guter Gesellschaft von Omas Autoschlüssel (ich erinnere mich, wie sie dereinst zu Fuß nach Hause musste, um den Schlüssel nachmachen zu lassen), zwei verschimmelten Stücken Nusskuchen und einer vertrockneten Maus (jetzt weiß ich endlich, woher der Verwesungsgeruch im Wohnzimmer kam).

13:15 – Angezogen, aufgezogen, startbereit. Ich habe noch nicht die Klinke berührt, da schallt es aus dem Keller: „Säulein, nimmst du bitte Sohn#2 mit, der soll seinen Mittagsschlaf im Wagen machen!" Ich denke an alle Familientragödien des letzten Vierteljahres. Irgendwie sind es immer die Männer, die ihre Brut auslöschen, warum nur? Klar nehme ich Sohn#2 mit. Ich korrigiere mich: Klar nehme ich den <u>nicht</u> mit, die Reifen vom Kinderwagen sind ja total platt, bin ich Panzergrenadier oder was?

13:25 – Laufsau sitzt im Auto auf dem Weg zur Tankstelle. Warum bitte verwenden die Kinderwagenhersteller keine gewöhnlichen Fahrradventile für ihre Räder? Das muss so eine Art versteckter Sadismus sein, oder die werden von den Tankstellenbetreibern gesponsert. Jedenfalls muss ich die Kinderwagenreifen dort aufpumpen. Plus die Reifen von zwei Fahrrädern, einem Roller, einem Laufrad und dem Bobbycar. Als ich die Ventile vom Bobbycar suche, wird mit klar, dass die Gattin mich vereimert hat.

14:00 – Zurück im Heim eröffnet mir die Gattin, dass Sohn#2 inzwischen von selber eingeschlafen sei, weil ich so „getrödelt" hätte. Ich überlege. Schlachtermesser oder Handbeil? Bevor ich mich vergesse, stürme ich zur Haustür hinaus – und falle über das frisch aufgepumpte Kinderfahrrad von Sohn#1.

14:30 – Verarztet, verachtet, verarscht. Ich laufe los. Leider nur eine halbe Stunde, für mehr reicht die Zeit nicht.

Heute hab ich zur Belohnung 'ne Blasenentzündung, ich hätte doch nicht das nasse Zeug anziehen sollen.

Der gute Katholik

Das Kirchenmitglied soll wenigstens einmal im Jahr, möglichst in der österlichen Zeit, das Bußsakrament empfangen. Als guter Katholik geht – nein, läuft die Laufsau also zur Beichte.

„Ego te absolvo a peccatis tuis in nomine patris et filii et spiritus sancti. Amen."

Die Tür des Beichtstuhls vor mir öffnet sich und ein krummes Weiblein humpelt zufrieden heraus. Die Weihrauchschwaden unter dem Gewölbe von St. Blasius umwehen mein schweißgebadetes Haupt. Kinder richten neugierige Blicke auf meinen mit Funktionsfaser tapezierten Beinahe-Athletenkörper.

Der Gründonnerstag ist der perfekte Tag für einen Tempolauf zur Kapelle auf der grünen Wiese mit anschließender sportlicher Generalabsolution durch Vater Hieronymus. Der hieß einstmals Der dicke Kurt und ging mit der Gattin in die Grundschule. Außerdem starten wir beide in derselben AK beim Citylauf, darum erhoffe ich mir einen besonders guten Draht ins himmlische Sündenzentralregister.

„Gott, der unser Herz erleuchtet, schenke dir wahre Erkenntnis deiner Sünden und Seiner Barmherzigkeit", beginnt Vater Hieronymus das Bußsakrament, nachdem er sich bekreuzigt hat.

„Amen. Ich habe gesündigt, Kurt!"

„Vater Hieronymus für dich, mein Sohn. Sprich ganz offen, Laufsau!"

„Ich bete einen Götzen an. Er ist etwa einssechsundfünfzig groß, schwarz und ungefähr 20 Stundenkilometer schnell."

„Weiter." Vater Kurt hält den Kopf gesenkt, so viel ich durch das mit Ornamenten verzierte Fenster der Beichtkammer erkennen kann.

„Ich habe den Namen des Herrn missbraucht. Als ich beim

letzten Bottwartal-Halbmarathon meine persönliche Bestzeit um nur wenige Sekunden verfehlte, habe ich zweimal *Gottverfluchte Scheiße* gerufen!" Hieronymus zieht die Luft scharf durch seine Vorderzähne.

„Zügle deine Zunge, mein Sohn, dies ist ein Haus Gottes. Weiter."

„'Tschuldigung, Vater. Ich habe mehrmals am Sonntag einen langen Lauf absolviert, statt die Messe zu besuchen."

„Solange du dich dabei nicht ernsthaft anstrengst, ist das keine bußfähige Sünde, Laufsau. Weiter."

„Ich bin anstatt zum Geburtstag meiner Mutter zum Köln-Marathon gefahren."

„Hast du gefinisht, mein Sohn?"

„Jawohl, Vater."

„Dann lassen wir das außen vor. Weiter." Hieronymus klingt ungeduldig.

„Ich habe mehrmals ernsthaft daran gedacht, Peter Greif eine tödliche Paketbombe, gefüllt mit all meinen gebrauchten Laufsocken der letzten drei Monate, zu schicken. Für seinen Trainingsplan aus der Hölle."

„Laufsau!" Vater Kurt hebt empört die Stimme.

„Kommt nicht wieder vor, Vater. Dann habe ich mir noch ein Poster von Sabrina Mockenhaupts Hintern ins Büro gehängt. In Din-A4."

„Himmel, Laufsau, das ist doch – weiter."

„Stimmt, das ist doch ein recht hübscher Hintern, wenn ich das so sagen darf. Außerdem: Beim Stuttgarter Zeitungslauf habe ich einem kenianischen Spitzenläufer sein Spezialgetränk vom Verpflegungstisch bei Kilometer 10 geklaut."

„Laufsau, wie soll das gehen, der ist doch eine Stunde früher im Ziel als du?"

„Ok, Vater, ich geb's zu, das war geflunkert. Aber ich hätte gute Lust dazu gehabt, nur um einen von diesen Wunderheinis einmal fassungslos zu sehen."

„Womit wir schon bei Nummer acht wären. Du sollst kein falsches Zeugnis geben. Weiter und komm langsam zum Ende." Hieronymus seufzt erschöpft.

„Ich habe meines Nächsten Pulscomputer begehrt, Vater."

„So? Was hat er denn für einen?"

„Den Polar RS800CX. Und ich hab einen Garmin."

„Verkauf deinen Garmin bei eBay und kauf dir was Vernünftiges. Garmin ist Schrott, mein Sohn. War's das?"

„Ja, Vater. Ist es schlimm?"

„Wenn du einen von Aldi hättest, das wäre schlimm. 10 Vaterunser und zwanzig Rosenkränze. So spreche ich dich los von deinen Sünden im Namen des Vaters und des Sohnes und des Heiligen Geistes."

„Amen, Kurt. Sehen wir uns beim Citylauf?"

„Startblock C, ich erwarte dich."

Irre ich mich, oder sehe ich Vater Hieronymus in seinem Kabuff unverschämt grinsen?

~~Rocky~~ Rookie II

*Risin' up, back on the street, did my time,
took my chances Dädädädädädädädäääää.*

Ja, so klingt das bei Survivor, wenn Rocky im Schneegestöber mit seinem Köter leichtfüßig die Treppen zum Kapitol raufhüpft. Und bei der Laufsau? Tja, die liegt nach dem ersten Lauf, den man nach der Zwangspause ernsthaft als Training bezeichnen kann, auf dem Sofa und guckt Sly zu, wie der seine Fäuste in blutige Rinderhälften vergräbt. Und stöhnt. Also die Laufsau stöhnt, nicht Rocky Balboa.

„Ahhh, ohhhh, wenn ich das Bein bewege, tut es hier weh, Schnuppilein!", wimmere ich der Gattin vor.

Die guckt mich abschätzig an.

„Säulein, dieses ziehende Gefühl da im Oberschenkel, das kenne ich gut, das nennt man Muskelkater!"

Muskelkater? Ich? Pah! Der Killer von Köln, der Champion der Königsklasse, der MARATHONI hat Muskelkater? Niemals. Ich bin einst nach 42 Kilometern aufrecht nach Hause gewankt, und jetzt habe ich nach einer läppischen halben Stunde ganz sicher noch keinen Muskelkater.

„Aber du bist seit Oktober kaum mehr gelaufen. Und jetzt ist April, das sind sieben Monate."

Mist, die Frau hat eindeutig Recht. Ich blättere im Steffny, ich blättere im Strunz, die Faktenlage ist erschütternd klar. Wer zweimal die Woche läuft, hält gerade mal so die Fitness. Wer einmal die Woche läuft, baut ab. Und wer sieben Monate gar nicht läuft?

Der bildet sich zum Läuferbaby zurück. Ich bin so eine Art Benjamin Button mit Überpronation. Mit 41 als Marathoni neu geboren, in 7 Monaten zum Anfänger zurückgeschrumpft. Wie beim Monopoly. Ziehe nicht Startnummer 4000 an, gehe über Los und gib deine VO2Max an der Garderobe ab. Scheiße, ich bin nicht Rocky, ich bin ein Rookie! Es gibt sie also, die Wiedergeburt, wenigstens beim Laufen.

Ehrlich gesagt hat das auch Vorteile. Wenn man mal den ersten Marathon hinter sich hat, wird man furchtbar abgeklärt. Für einen selbst abgeklärt, für die anderen vor allem furchtbar. PowerGels? Gegessen. Pulsuhr? Ohne GPS und OwnZone guck ich die mit dem Arsch nicht an. Discounter-Klamotten oder Schuhe vom Kaffeeröster? Bäh. Echte Laufschuhe zählen nur mit biometrischen Schnürsenkeln und zu Mondpreisen. Lange Läufe? Wer nicht mindestens den Sonntag die A8 entlang von München nach Stuttgart trabt, ist ein Schwachmat. Das echte, ursprüngliche Laufgefühl, dieses einzigartige „Oh Gott, ich laufe alleine durch den Wald, zwei Kilometer von zu Hause weg, hoffentlich schaffe ich den Rückweg!" beim ersten Mal, dieses jungfräuliche Staunen „Wow, ich bin zehn Minuten am Stück gelaufen, ohne Gehpause!" oder diese neckische Unsicherheit „Soll ich nun dreimal aus- und dann wieder zweimal einatmen, oder andersrum?", all diese schönen Fragen, die wir Superathleten uns schon lange nicht mehr gestellt haben, die machen doch auch den Reiz, das Unheimliche, das Mystische aus, das diese Sportart verströmen kann.

Tja, und das darf ich nun alles wieder durchexerzieren, wie damals vor zwanzig Jahren.

Und ganz wie ein echter Rookie war ich auch gestern langsam unterwegs. Seeehr langsam. So langsam, dass die junge Dame auf dem Laufrad, die mir auf dem Feldweg entgegenkam, zu ihrer Mama meinte: „Mama, warum hat der dicke Mann da keine Stöcke dabei?" Danke, du kleines Miststück, deine Mami soll dich nur schön mit Schokolade vollstopfen, dann siehst du bald so aus wie die Matronen aus unserem Walkingtreff. Morgen muss ich wieder ran. 30 Minuten. Oh Gott, nehm ich was zu trinken mit, dehydriere ich nach einer halben Stunde schon, und vor allem, was ziehe ich an? Sind die Sohlen noch ok oder brauche ich schon neue Schuhe? Hilfe, ich bin ein Rookie!

Die indischen Waschnüsse

Ist etwas hart erarbeitet, dann möchte man möglichst lange was davon haben. Das trifft auf alles zu, außer auf Läuferschweiß.

Ich habe so ein furchtbar schlechtes Gedächtnis. Der strahlend blaue Himmel und die lachende Sonne schrien heute geradezu nach körperlicher Ertüchtigung, aber vor den Start-Knopf auf dem Trainingscomputer hat der heilige Haile die Kleiderfrage gestellt. Schlimmer als die Gattin und sämtliche Exfreundinnen: Was soll ich nur anziehen? Bei Familie Laufsau ist die Kleiderregelung wie im Kempinski die Handtuchregelung: Laufhose achtlos auf den Boden geworfen bedeutet: *Gattin, bitte waschen*. Laufhose hängt auf dem Geländer: *Gattin, bitte hängen lassen*, lethale Duftkonzentration noch nicht erreicht. Aber ich bin eben auch so ein Sammlertyp, darum hängt nach spätestens drei Wochen das gesamte Arsenal an Laufbekleidung auf dem Geländer. Und weil ich, wie bereits erwähnt, so ein schlechtes Gedächtnis habe, weiß ich nicht mehr, welche der Hosen ich schon wie oft getragen habe. Da hilft nur noch der Geruchstest. Die superkurze sexy Shorts macht der Laufsau einen knackigen Hintern, schwankt aber in der Note zwischen totem Stinktier und Hamburger Fischmarkt, Mülltonnenecke. Die anderen Hosen riechen nicht viel besser, höchstens weniger intensiv.

Das eigentliche Problem ist aber, dass Funktionsbekleidung nach dem Waschen zwar weniger penetrant riecht als vorher, aber in die Lenor-Werbung komme ich damit immer noch nicht. Es gibt viele offizielle Erklärungen, warum das so ist. Meine persönliche Meinung ist jedoch, dass hier kein Fehler vorliegt, sondern eine gewollte Produkteigenschaft. Da meine Shorts selbst *nach* dem Waschen noch riecht wie eine Mischung aus leidlich lebendem Stinktier und ABBA-Sardellenpaste, habe ich einen guten Grund, mal wieder im Sportfachgeschäft vorbeizuschauen und mich neu einzukleiden. Ja, ihr Produktmanagerinnen und -manager, ich sehe euer diabolisches Grinsen, während ihr das hier lest! Wäre ich Karl Lagerfeld, verhielte sich die Sache ganz einfach. Ich würde, so wie Karl das laut Regenbogenpresse mit seinen Unterhosen macht, jede Laufhose nur einmal tragen und dann wegwerfen. Mit Schuhen ist das nicht zu empfehlen, denn erstens sieht man mit jungfräulichen Laufschuhen wie ein Depp aus, und außerdem hat man in den nicht eingelaufenen Tretern dauernd Blasen. Ich denke, darum geht Karl Lagerfeld auch nicht joggen, sondern hat in seinem persönlichen Fitnessraum vermutlich eine ganze Batterie PowerPlates stehen.

Zurück zu meiner stinkenden Laufwäsche. Ein guter Freund gab mir einen Tipp, einen echten Geheimtipp. Der Freund ist weit gereist und hat diese Information von einem indischen Yogi, der nicht nur auf dem Pfad der transzendentalen Erleuchtung ein gutes Stück weit gegangen ist, sondern sich nebenher auch noch profunde Kenntnisse in antibakterieller und antimikrobieller Hygiene aneignen konnte. Auf einem Foto zeigte mir mein Freund einen stark abgemagerten Inder mit fettigen Dreadlocks, der außer einem riesigen Joint in der rechten Hand und einer Penishülse überhaupt nichts trug, schon gar nichts, was man je hätte waschen müssen. Aber von diesem Wundermann habe er das Geheimnis wohlriechender, sauberer und hygienischer Bekleidung erfahren. Ich sah ihn erwartungsvoll an.

„Waschnüsse."

Ich war verwirrt. „Waschnüsse?"

„Ja, indische Waschnüsse."

„Ach so, ich dachte, du hättest Waschnüsse gesagt."

Also, um diesen Beckett'schen Dialog etwas abzukürzen: Es gibt tatsächlich einen Waschnussbaum, an dem Früchte wachsen, deren Schalen Reinigungsstoffe enthalten. Und es gibt Experten, die behaupten, diese Art zu waschen sei nicht nur besonders ökologisch, sondern auch noch wirksam gegen jede Art von Bakterien. Es gibt allerdings andere Experten, die halten das für totalen

Humbug und meinen, die Experten der Pro-Waschnuss-Fraktion hätten wohl damals im Ashram ein bisschen zu viel gekifft. Sei's drum, ein Päckchen Waschnüsse kostet nicht die Welt, also holte ich mir das Zeug im Bioladen und machte die Probe aufs Exempel.

Der Freund rief mir beim Hinausgehen noch hinterher: „Wenn du noch ein Päckchen Backpulver dazugibst, brauchst du kein Bleichmittel!"

Klar, und wenn ich dann noch ein Kilo Mehl in die Waschtrommel schütte, kommt bei 60 Grad ein Joggingbrot raus, Blödmann.

Am Abend sitze ich also vor der Waschmaschine und sehe, in tiefe Meditation versunken, der sexy Shorts zu, wie sie sich dreht, um und um, und die Waschnüsse tanzen im schaumigen Wasser den lustigen Waschnusstanz.

Ich werde rüde unterbrochen von der Gattin, die mich anfährt: „Du in der Waschküche? Was hast du denn hier verloren?"

Sie sieht in die Trommel und erblickt die Schalen im trüben Wasser.

„Hast du wieder vergessen, die Hosentaschen vor dem Waschen auszuleeren?"

„Das ist das Waschmittel, Weib. Hochgradig ökologisch!", gebe ich zurück und weihe sie in das Geheimnis des indischen Gelehrten ein.

„Was wäschst du da überhaupt, Laufsau?"

„Meine sexy Shorts."

„Und?"

„Und nix, das reicht doch wohl", erwidere ich.

„Eine ganze Wäsche für nur ein einziges Kleidungsstück nenne ich aber nicht gerade ökologisch, Laufsau ...", ermahnt mich die Gattin. „Und was soll DAS hier unten?"

Erbost reiße ich ihr die leere Tüte Dr. Oetker Backpulver aus der Hand.

„Das geht dich gar nichts an."

Mit diesen Worten stapfe ich empört davon.

Eine Stunde später liege ich unter der Waschmaschine. Die dummen Waschnüsse haben das Abflussrohr verstopft und eine mittelschwere Überschwemmung verursacht. Als wäre das alleine nicht schlimm genug, fragt mich die Gattin auch noch scheinheilig, ob ich denn nicht die Anleitung gelesen hätte, da stünde nämlich drin, dass man die Nüsse nicht einfach so in die Trommel werfen dürfe, sondern sie ins beiliegende Säckchen geben solle. Wer lesen kann, ist klar im Vorteil.

Und, fragt ihr jetzt zu Recht, haben sie geholfen, die Waschnüsse? Ja und nein.

Ja, denn zum ersten Mal roch meine sexy Shorts nicht mehr nach Stinktier und Fischmarkt. Sondern nach ... Waschnuss.

Und **nein**, denn als ich einige Tage später meine frisch gewaschene, wohlriechende Shorts der Welt vorführte, musste ich den Lauf vorzeitig abbrechen. An meinem Gesäß und in der Intimzone hatten sich hässlich juckende weiße Pusteln mit rotem Rand gebildet, die erst wieder verschwanden, nachdem ich mich an diesen Stellen ausführlich geduscht hatte. *Kontaktallergie*, bestätigte mir ein befreundeter Hautarzt. Dummerweise weiß ich jetzt nur nicht, ob ich gegen Waschnüsse oder Backpulver allergisch bin. Ist aber auch egal, denn morgen gehe ich ins Sportfachgeschäft. Ich brauche nämlich dringend eine neue Shorts.

Hey, hey, Laufsau, hey, Laufsau, hey!

Als die Laufsau noch klein war, musste auf jede Urlaubsfahrt im Auto ein Kassettenrekorder von der Größe eines Pilotenkoffers mit. Heute gibt es MP3 und Smartphones.

Früher, auf dem Weg in die Sommerferien nach Opatija oder Bibione oder an die Ostsee, war der Rücksitz unseres Opel Kadett übersät mit Dutzenden von MCs (Musik-Cassetten, für all diejenigen, die nach 1985 geboren wurden). Heute passt das alles auf einen Speicherchip von der Größe meines Fingernagels. Das ist ja auch sehr praktisch, aber diese blöden Speicherkarten sind so winzig, dass man sie nicht beschriften kann. Selbst wenn man es könnte, wie die vietnamesischen Reismaler, die einem auf Wunsch die Buddenbrooks in ein Körnchen Jasminreis gravieren, könnte man es ohne Rasterelektronenmikroskop nicht lesen. Und darum lassen sich die Winzlinge auch leicht verwechseln. Statt der neuesten Motivationssongs von Prodigy und Rage against the Machine habe ich mir auf meinen heutigen Lauf versehentlich die gesammelte Durchhaltemusik für lange Autofahrten von Sohn#1 mitgenommen. Eine Zeitreise in sieben Runden.

Km 1: Hurra, hurra, der Kobold mit dem roten Haar ...

So einen Kobold, der lauter Blödsinn macht und einem dann noch frech kommt, hatte ich mir als Zweitklässler auch immer gewünscht. Jetzt habe ich zwei davon, Sohn#1 und Sohn#2, die auch immer dann unsichtbar werden, wenn ich sie zusammenscheißen will. Und wünsche mir nichts sehnlicher als meine Ruhe.

Km 2: In einem wunderschönen Laaaaaand ...
Willi – das war meine Identifikationsfigur und ist es bis heute. Dick, Brille, langsam. Und ich gebe es offen zu: Ich bin ein Fan von Karel Gott, besonders dieses geknödelte „L" hat es mir angetan: *Maja fliegt durch ihrä Wäääääält, zeigt uns das, was ihr gefääääält.*

Km 4: Heidi, Heidi, deine Welt sind die Be-herge ...
Der Geißenpeter ist ja eigentlich der erste Bergläufer überhaupt. Wie der mit seinen Ziegen über die Almwiesen joggt, das wäre ein Fall für den Jungfrau-Marathon. Mit zunehmendem Alter hab ich mich ja immer gefragt, ob die was miteinander hatten, die Heidi und der Peter.

Km 5: Hey, hey, Wickie, hey, Wickie, hey ...
Sterne sehe ich auch manchmal, aber nicht, wenn ich mir die Nase reibe, sondern wenn ich beim Joggen wieder mal zu lange auf meinen Garmin gucke und dann versehentlich gegen einen Laternenpfahl laufe.

Km 7: Eine Insel mit zwei Bergen ...
Jim Knopf, Augsburger Puppenkiste. Ich muss dauernd an die kleinen, schnellen, schwarzen Kenianer denken. Wieder identifiziere ich mich mit einer Nebenfigur: Herr Tur Tur, der Scheinriese. Ich bin ein Schein-Sprinter: Von weitem gesehen sehe ich schnell aus, aber wenn man näher kommt, werde ich immer langsamer.

Km 8: Wer hat an der Uhr gedreht, ist es wirklich schon so spät ...
Der rosarote Panther. Bei Volksläufen geht mir dieser Text bei jeder Kilometermarke durch den Kopf.

Km 10: Jetzt tanzen alle Puppen ...
Die Muppetshow. Ich wäre so gerne das Tier am Schlagzeug. Aber nach einer Stunde Laufen fühle ich mich heute wie Waldorf und Stadler. Nur doppelt so klapprig.

So eine Zeitreise ist etwas Wundervolles. Bei manchen Songs kommen mir fast die Tränen vor Rührung. Aber meine erste Handlung nach der Rückkehr ist, die Speicherkarte im Handy wieder zurückzutauschen. Es gibt darauf einen herzerweichenden, tief emotionalen Song von Rage against the Machine, der mir durch jedes Motivationsloch hilft:

> *Killing in the name of! Yeah! Come on!*
> *Fuck you, I won't do what you tell me!*
> *Motherfucker! Uggh!*

Das Fitnessarmband

Eine Geschichte von zwei dicken alten Männern,
einem Fitnessarmband und keiner Katze.

Die Laufsau ist alt und fett geworden, denke ich, während ich mich ächzend hinunterbeuge, bemüht, an meinen Speckfalten vorbei die Enden der Schnürsenkel zu erhaschen. Irgendwo da unten – außer Reichweite – müssen sie baumeln, jedenfalls gab es dort noch welche, als meine Füße zum letzten Mal vor einem Jahr in den Laufschuhen steckten. Auf der Treppe gerate ich zum ersten Mal außer Atem, und als ich fünf Minuten später in den Waldweg einbiege, scheint es mir, als würde mit jedem Schritt ein kleines Erdbeben die Umgebung erschüttern, das die Blätter von den Bäumen rieseln lässt. Ein paar Schritte weiter stürmt mir ein aufgescheuchtes Rudel Rehe entgegen, wenig später entdecke ich den Grund für den panischen Wildwechsel: Der Toni, mein alter Laufkumpel, trabt auf mich zu. Seit seiner Scheidung hat er sich zum ersten Mal wieder auf eine längere Beziehung eingelassen, die Folgen schlagen sich in seinem Leibesumfang nieder: Sex auf Sparflamme, dafür regelmäßigere und üppigere Mahlzeiten. Furchtbar, wenn sich Männer ab Mitte vierzig so gehen lassen, sinniere ich, während ich mir den Schweiß aus der Doppelkinnfalte wische.

    Mit hochroten Köpfen bleiben wir voreinander stehen. Das neongrüne Armband mit dem auffälligen Logo an seiner haarigen Pranke bleibt mir nicht verborgen.

    „Wir waren auch schon mal besser in Form", keuche ich.

    „Ich arbeite dran", erwidert er und wedelt mit seiner Neuerwerbung.

    „Wassndas?" Ich spiele den Gleichgültigen, obwohl ich natürlich ganz genau weiß, worum es sich handelt. Denn für die Laufsau wurde das Wort „Gadget" erfunden: Meine Abonnentennummer bei Yps war die Drei und das nur, weil sich die Gründer der Zeitschrift mit dem pseudotechnischen Schnickschnack als Dreingabe die Nummern eins und zwei vorbehalten hatten.

„Gyro-Tracker", führt Toni in seinem typischen Schulhof-Angeber-Tonfall aus. Er drückt einen verborgenen Knopf an seinem Armband, drei Lichtbalken glühen geheimnisvoll auf, und ich erwarte, dass er sich jeden Moment in einer Wolke aus Leuchtpunkten und Glitzerwirbeln auflöst, um auf die Enterprise gebeamt zu werden.

„Das Band zeichnet jede deiner Bewegungen auf, die du dann auswerten kannst. Statistisch und so".

„Aha." Ich gebe mich desinteressiert und rufe mir ins Gedächtnis, wie ich vor ein paar Wochen die Preise und Funktionen der Armbänder von Nike, Polar und Jawbone in eine Tabelle eingetragen und mit Punkten bewertet habe. Der einzige Grund, warum Toni und ich uns nicht mit ZWEI Armbändern im Wald begegnen, ist die Gattin, die mich an besagtem Abend im Büro überraschte und meine Marktforschung rüde unterbrach. Beim Anblick des Farbausdrucks mit dem Objekt der Begierde schimpfte sie: „Willst du dir unbedingt noch mehr von diesem Sport-Müll zulegen? Die hier liegen seit einem Jahr unbenutzt herum." Sie wuchtete meine Skiroller aus dem Schrank und knallte sie auf den Schreibtisch.

„Die machen mir Angst", jammerte ich, wohl wissend, dass meine Rechtfertigung auf tönernen Füßen stand.

„Angst?"

„Hinzufallen. Mich zu verletzen."

Die Gattin setzte zu einer Erwiderung an, ließ es aber bleiben und entschwand mit einem Kopfschütteln. Ihr Blick sprach Bände: armer alter dicker Mann.

„Also abgemacht", sagt der Toni, „nächste Woche geht's los."

Ich blicke ihn ratlos an. Offensichtlich bin ich in der Lage, geistig abwesend meinen Gedanken nachzuhängen und gleichzeitig mit Anwesenden zu kommunizieren. Er wiederholt für geistig Minderbemittelte: Das Sportarmband zeichnet jede noch so kleine Bewegung auf, die Daten lassen sich online stellen, sogar

Wettbewerbe kann man öffentlich untereinander austragen, um sich zu motivieren und festzustellen, wer sich zu mehr körperlicher Betätigung aufrafft. Allem Anschein nach habe ich mich einverstanden erklärt, mich einer echten Herausforderung zu stellen: Wer von uns beiden innerhalb von acht Wochen mehr Bewegungspunkte sammelt, gewinnt; der Verlierer hält den Gewinner ein ganzes langes gemeinsames Wellnesswochenende frei. Die totale Schmach.

Der Toni willigt ein, sein Armband beim Start des Wettbewerbs in den Ausgangszustand zurückzuversetzen.

Jetzt kann ich kaum mehr zurück. Aber eigentlich will ich ja auch gar nicht: Endlich habe ich einen Grund, mir ebenfalls so ein schickes Accessoire zuzulegen. Nur muss ich es so deichseln, dass die Gattin nichts merkt.

Der DHL-Mann bringt das Päckchen zwei Tage später. Ich lasse alles stehen und liegen und schließe mich in meinem Büro ein. Ich installiere Software und lege ein Online-Konto an, konfiguriere, kalibriere und kapituliere zwischendrin beinahe (vor der Komplexität der Aufgabe), doch schließlich sind Armband, Computer und das WWW miteinander verbunden.

Ich rotiere den Arm einige Dutzend Male wie Windmühlenflügel und drücke auf den Knopf. Ein Balken von zehn. Ich rotiere ein weiteres Dutzend Mal. Nach wie vor nur ein Balken. Wie es aussieht, wird es mir nicht gelingen, diesen Wettbewerb ausschließlich mit Armschwingen zu gewinnen. Jetzt erst fällt mir auf, dass ich den Tracker am anderen Handgelenk trage. Wie dumm. Außerdem tut mir nun auch noch das Schultergelenk weh. Den rechten Arm kann ich wegen meiner Kalkschulter überhaupt nicht kreisen lassen. Aber das Band soll ja jede Form der Beschleunigung des Körpers aufzeichnen, nicht nur Armbewegungen. Ich hüpfe also locker auf und ab, wie beim Seilspringen. Ein Balken. Ich springe etwas höher. Ein Balken. Das ist ja nicht auszuhalten!

Ich führe einen Veitstanz auf – schlenkere wild die Arme, verdrehe den Kopf auf den Schultern, lasse das Becken kreisen, werfe die Beine in die Luft. Und weil man nie weiß, ob nicht auch die Gesichtsmuskulatur mitzählt, verdrehe ich zusätzlich die Augen und strecke die Zunge heraus.

Vor dem Bürofenster steht die Gattin und schaut fassungslos zu.

Die Laufsau hat offenbar den Verstand verloren.

Schlagartig ist die Luft raus: Ich sortiere meine Gliedmaßen und verstecke das Armband, das die Gattin keinesfalls zu sehen bekommen darf, hinter meinem Rücken. Ich winke ihr zu. Ihr konsternierter Gesichtsausdruck geht in Resignation über. Sie verschwindet im Garten, ich atme auf. Leider muss ich mein Bewegungslevel wohl doch ganz klassisch erreichen: durch schweißtreibende sportliche Betätigung. Ich werfe mich also in die Trainingsmontur und gehe joggen, mitten in der größten Mittagshitze. Eine Dreiviertelstunde später kehre ich völlig fertig zurück und schließe das Armband an: ZWEI.BALKEN.VON.ZEHN.

Verdammt, ich bin alt geworden, aber so alt?

Das Gerät muss defekt sein, eine andere Erklärung fällt mir nicht ein. Ich rufe die Hotline der Firma an. Welchen Modus ich eingestellt habe, will der dynamische Jungspund mit der Kasperlestimme wissen.

Modus? Was für ein Modus?

Wie ich erfahre, muss man im Menü unter der Rubrik Einstellungen das sportliche Anforderungsprofil wählen, entweder wie vom Hersteller vorgegeben oder individuell konfiguriert. Welches Profil bei mir eingestellt sei, hakt er nach.

HAILE GEBRSELASSIE steht in der Auswahlbox.

„Sind Sie Haile Gebrselassie?"

„Sehe ich vielleicht so aus?", fauche ich und ziehe krampfhaft den Bauch ein.

„Das ist kein Bildtelefon", kontert er patzig.

Gott sei Dank, denke ich. „Und, was empfehlen Sie mir also?"

„Fangen Sie mit ›Dieter Hallervorden‹ an. Dann arbeiten Sie sich in der Liste nach oben vor."

Erbost lege ich auf. Wie kann man ein Bewegungsprofil ›Dieter Hallervorden‹ nennen?

„Es gibt da einen Film, in dem Dieter Hallervorden einen Rentner im Seniorenheim spielt, der auf seine alten Tage noch einmal einen Marathon bezwingen will", erklärt Toni mir ein paar Tage später, als wir in einer feierlichen Zeremonie die Armbänder auf Start stellen. Leider kann ich nicht behaupten, dass ich mich besser fühle, seit ich nicht mehr ›Haile Gebrselassie‹, sondern ›Dieter Hallervorden‹ bin. Aber wenigstens beschert mir ein halbstündiger Waldlauf nun neun von zehn Balken. Nach ein paar Schwingungen auf der Schaukel am Spielplatz (unter den kritischen Augen einer Horde Sechsjähriger) sind die zehn Balken endlich voll. Und weil ich das Band klugerweise erst dann anlege, wenn sich der heimatliche Hafen außer Sichtweite befindet, ahnt die holde Gattin nichts.

Doch Fortuna bleibt mir nicht gewogen. In den folgenden Wochen ist der Toni mir stets eine bis zehn Armlängen voraus. Das liegt daran, dass er schon längst auf den Typ hundertjähriger Inder umgestiegen ist, der Dutzende Marathonläufe im Jahr absolviert und einen Namen hat, den ich mir partout nicht merken kann. Sein Sportprofil ist gleichwohl um einiges anspruchsvoller als ›Dieter Hallervorden‹, der mich im Geiste immer noch auf meinen Runden begleitet und insgeheim verspottet.

Zwei Wochen vor Ablauf der Frist muss ich mir eingestehen: Mein Girokonto wird bald einer argen Belastungsprobe ausgesetzt sein, wenn ich keinen Bund mit Mephisto eingehe. Und mit Mephisto ist hier NICHT der Schuhhersteller gemeint. Ganz abgesehen davon, dass ich der Gattin gegenüber in Erklärungsnot gerate, wenn ich keine gute Ausrede für die heftigen abwärts weisenden Kontobewegungen finde.

Doch an diesem Tag wendet sich das Schicksal: Ich beobachte die Katze der Nachbarin, die eine geschlagene Stunde lang eine halbtote Maus durch den Garten jagt – mit zwei Ergebnissen: Erstens ist die Maus am Ende nicht nur halb, sondern ganz hinüber. Und zweitens reift in mir ein teuflischer Plan, wie ich die Challenge doch noch für mich entscheiden kann.

Die Besitzerin von Katze Lily, eine gute Seele, vegane Extremistin der Sorte, die nicht einmal Ledergürtel trägt und ihrem vierbeinigen Hausgenossen ausschließlich ayurvedische Kost vorsetzt (ich spiele kurz mit dem Gedanken, sie aufzuklären, was ihre wonnige Miezekatze in unserem Garten mit kleinen Nagetieren anstellt), quittiert meinen Vorschlag, ein neuartiges Zeckenhalsband an Lily auszuprobieren, mit einem misstrauischen Blinzeln.

„Den Zecken geschieht kein Leid", versichere ich mit der Unschuldsmiene eines Mannes, der zu allem fähig ist. Das scheint sie zu überzeugen – wenig später schmiegt Lily ihren geschmeidigen Körper an meinen Unterschenkel, während das neongrüne Armband an ihrem Hals schimmert.

Dann angle ich eine der australischen Springmäuse, die ich am Abend vorher in der Zoohandlung besorgt habe, aus dem Käfig und lasse das Tierchen im Garten wie zufällig aus der Tasche gleiten, während Lily schläfrig im Schatten des Birnbaums döst.

Der Rest ist Geschichte. Und angewandte Biologie.

Mein Bewegungsprofil steigert sich in wenigen Tagen von ›Dieter Hallervorden‹ über ›Carlo Thränhardt‹ bis ›Sabrina Mockenhaupt‹ und schließlich sogar zu ›Haile Gebrselassie‹. Toni mustert argwöhnisch meine Taille, die sich – im Gegensatz zu meinem plötzlichen Leistungsschub – nicht die Spur verändert, aber er schweigt. Einen Tag vor der Deadline liegen wir gleichauf.

Am Abend läute ich bei der Nachbarin, um das Zeckenhalsband abzuholen, damit ich die Tagesdaten auf den Computer übertragen kann.

Vergeblich.

„Sabina ist unterwegs, die Katze suchen", meint ihre Mitbewohnerin. „Lily hat sich seit gestern Abend nicht mehr blicken lassen. Sabina befürchtet, sie könnte überfahren worden sein."

Eine schlimme Vorahnung ereilt mich. Wenn die Katze nicht auftaucht, bin ich angeschissen. Ich kann Toni ja kaum erklären, dass wir die Deadline verschieben müssen, weil ich noch darauf warte, dass die Katze mit meinen Bewegungsdaten zurückkehrt.

„Manchmal hat man einfach Pech", sagt Toni und überfliegt die Menüfolge für das später anstehende Diner, während draußen vor der Panoramascheibe die ersten Schneeflocken von einem unbarmherzigen Himmel rieseln. Wir liegen nackt auf zwei beieinanderstehenden Massageliegen und warten darauf, wellnesstechnisch durchgewalkt zu werden. Der Masseur mit der Statur und dem Intelligenzquotienten eines Kraftpakets wie Ralf Möller klatscht Toni ein Kilo Fangoschlamm auf den Rücken.

„Die Austern sind hoffentlich frisch. Was empfehlen Sie denn heute abend als Hauptgericht?", erkundigt sich Toni bei Mr. Universum.

„Der Hummer Thermidor soll ziemlich gut sein."

Genießerisch leckt Toni sich die Lippen. Mein Magen knurrt. Um kontotechnisch nicht weiter in die Miesen zu geraten, habe ich beschlossen, mich bei den Mahlzeiten ein wenig einzuschränken. Und auch sonst. Als einzigen Luxus gönne ich mir Kohlensäure im Getränk.

Das Handy klingelt – die Gattin ist dran: „Ich habe gerade einen Anruf von der Bank bekommen, es gibt verdächtige Kontobewegungen. Muss ich mir Sorgen machen?"

Mitnichten, beschwichtige ich sie, kein Grund zur Panik.

„Und ich soll dir einen Gruß von Sabina ausrichten, Lily ist wieder aufgetaucht, sie wurde im Tierheim abgegeben. Das arme Tier war völlig ausgehungert. Sabina hat das Zeckenhalsband zurückgebracht."

Beredtes Schweigen.

„Ich habe es neben dem Skiroller deponiert", fügt die Gattin taktvoll hinzu und legt auf.

Jetzt ist sowieso schon alles egal, denke ich. Und plane, mir später im Restaurant ebenfalls ein Dutzend Austern zur Vorspeise zu gönnen. Obwohl ich die schleimigen Viecher nicht ausstehen kann.

Verkleidungslauf

Wenn zwei Frauen auf einer Party das gleiche Kleid tragen, ist Zickenalarm angesagt. Wenn zwei Sportler bei einem Volkslauf im gleichen Outfit erscheinen und einer der beiden ist die Laufsau, droht der SUPER-GAU.

Dass die Laufsau mit Mitte Vierzig bei einem Halbmarathon zeitentechnisch ins Hintertreffen gerät, ist hinreichend bekannt. Mit dem Akronym PBZ assoziiere ich eher anorganische Verbindungen als sportliche Erfolge.

Ich finde sowieso, die Gruppeneinteilung bei Volksläufen sollte fairerweise nicht nach Alters –, sondern nach Gewichtsklassen erfolgen. Erstens hätte ich dann Chancen, in der Klasse 85-90 Kilo endlich mal unter die ersten Tausend zu kommen, und zweitens trüge das der fortschreitenden Verfettung der Bevölkerung Rechnung.

Ein kluger Stratege erkennt, dass die Schlacht nicht gewonnen werden kann, zieht sich zurück und sucht sich einen schwächeren Gegner.

Das stammt zwar nicht von Konfuzius, klingt aber so und soll mir fürderhin als Motto dienen.

Weil ich also auf der Rangliste der Bestzeiten nicht mehr mithalten kann, werde ich versuchen, in einer anderen Liga zu punkten. Einer mit weniger Gegnern, undurchschaubaren Bewertungsregeln und wenn möglich bestechlichen Juroren: der Kostümprämierung. Das Laufen in Verkleidung hat in den letzten Jahren nahezu unheimlich an Popularität gewonnen. Es gibt kaum einen Marathon, bei dem man nicht mindestens einem Reiter zu Pferde, einem Superhelden aus dem Marvel-Universum oder dem unausweichlichen Fan im Teufelskostüm bei Kilometer einundvierzig begegnet (der übrigens nicht die Folge einer Schwäche-

Halluzination sein kann, denn er wurde auch noch von anderen Läufern wahrgenommen). Nur ein Kostüm wurde auf den Marathonstrecken dieser Welt noch nie gesichtet. Höchste Zeit für eine Premiere.

Tags darauf suche ich ›Knöpfles Kostümverleih‹ im Stuttgarter Westen auf. Die Inhaberin, Ursula Knöpfle, entstammt offensichtlich einer *uralten* Artisten- und Schaustellerdynastie. Ich betrachte die Daguerreotypien an den Wänden, auf denen die Dame des Hauses in Zigeunerkluft mit weit aufgerissenen, kohlschwarz geschminkten Augen als Wahrsagerin vor einer Glaskugel posiert. Dass eines Tages ein Mann auf der Suche nach einem Tierkostüm für einen Volkslauf in ihrem Laden auftauchen würde, hat sie in ihrer Kugel sicher nicht vorhersehen können.

„›Der Fluch der Zigeunerin‹, 1928 gedreht. Mein Großvater war Requisiteur und Kostümbildner bei diesem und vielen anderen UFA-Filmen", ertönt eine Stimme hinter mir. Ich drehe mich um. Die ältere Dame, zu der die Stimme gehört, hat so gar nichts Schwäbisches an sich – sie trägt ein elegantes taubenblaues Kostüm, und die schmalen Lippen, die fein geschnittene Nase und die schlohweiße Hochsteckfrisur verleihen ihr eine aristokratische Note.

„Wie kann ich Ihnen helfen?"

Ich bringe es nicht übers Herz, mein profanes Anliegen in diesen heiligen Hallen der Kultur vorzutragen. Also erfinde ich in Windeseile ein Theaterstück, in dem ich angeblich eine tragende Rolle spiele, für die ich die passende Ausstattung suche.

„Und um welches Stück handelt es sich, wenn ich fragen darf?"

Mein Gehirn arbeitet auf Hochtouren. Wie viele Theaterstücke mit Tieren kenne ich? Kommen in „Die Katze auf dem heißen Blechdach" welche vor? Katzen vermutlich. Aber Schweine? Also kann ich gleich jedes beliebige Stück wählen.

„Tod eines Handlungsreisenden."

Ein Strahlen erhellt ihr Gesicht. „Wunderbar! Mein Lieblingsstück. Lassen Sie mich raten – Sie sind Happy, nicht wahr? Sie sind genau der richtige Typ dafür."

„Danke, es geht mir in der Tat bestens", entgegne ich, obwohl ich mich nicht gerade für eine Stimmungskanone halte.

Frau Knöpfle blickt mich irritiert an. Offensichtlich reden wir aneinander vorbei.

„Ich meinte Happy Loman, Willy Lomans nichtsnutzigen Sohn."

Mein Lachen klingt aufgesetzt. „Nein, bedaure, ich spiele die Sau."

„Eine Sau?" Sie mustert mich entgeistert. „Ich kann mich gar nicht an eine Sau in ›Tod eines Handlungsreisenden‹ erinnern."

Das liege daran, erkläre ich eilfertig, dass erst vor kurzem eine weitere Abschrift des Originalmanuskripts von Arthur Miller aufgetaucht sei, und darin komme eine Sau vor. Ihr Blick ruht lange auf mir, länger, als ich auszuhalten vermag – nach einem verlegenen Lächeln widme ich mich wieder dem ausführlichen Studium von ›Fluch der Zigeunerin‹. „Du wirst ein kurzes, erbärmliches Leben führen und mit einem Ringelschwanz am Arsch sterben", scheint die Wahrsagerin mir zuzuflüstern.

Eine Stunde später verlasse ich den Laden mit einem rosa Schweinchenkostüm und einem Loch von fünfhundert Euro im Budget: Die brüchige Glaubwürdigkeit meiner Geschichte hat Madame Knöpfle mit einer saftigen Kaution kompensiert.

Die Rechnung geht dennoch auf: An meinem Geburtstag stehe ich am Start des Heilbronner Trollinger-Marathons, in *Startblock 2 – Blau* natürlich, wo möglichst viele Laufkollegen mich rückseitig passieren und später meine Kostümierung bewerten werden. Dem Sieger der Kostümprämierung winkt ein Jahresvorrat Mikromolekülnahrung gegen Gelenkschmerzen. Natürlich würde ich die monetäre Siegprämie vorziehen, doch die wird einer der Kenianer einsacken, die einige Reihen vor mir direkt an der Startlinie stehen und sich immer mal wieder mit einem verhungerten Blendamed-Grinsen zu mir umdrehen. Dass diese Hungerhaken Lust auf ein ordentliches Schnitzel haben, kann ich voll verstehen. Aber man muss nehmen, was man kriegt – falls ich gewinne, werde ich wenigstens nicht mit Gelenkarthrose ins Krematorium gerollt.

Mein Kostüm ist ein Traum in Zartrosa, die Gesichtsmaske aus Vollgummi verleiht mir die Würde einer Miss Piggy. Laufsau in Höchstform, *as Laufsau can*. Leider zieht mein Ringelschwänzchen Grabscher an; ständig muss ich mich eines Fummlers an meinem Fummel erwehren. Inzwischen erschließt sich mir auch die Verteilung des Humors bei deutschen Volksläufen: Angefangen bei *Startblock 1 – Rot* (unter null) steigt sie logarithmisch bis zur vorletzten Gruppe an, bis *Block 5* (bei den Nordic Walkern hat man geknausert und nicht mal mehr eine Farbe spendiert), um dann wieder steil unter die Nulllinie abzufallen, wo der Humor anderen Gefühlen weicht: Verzweiflung, Versagensangst und Adipositas-Phobie.

Der Mai fällt dieses Jahr besonders warm aus – um viertel vor zehn zeigt das Thermometer bereits siebenundzwanzig Grad an. Unter meiner Schweinemaske entwickelt sich ein Klima wie im Dampfgarer, schon vor dem Start beginnt sich meine Gesichtshaut wie eine Briefmarke über Wasserdampf abzulösen.

Der obligatorische „Final Countdown" dröhnt aus den Lautsprecherboxen. Die Jungs von Europe waren damals noch lächerlicher angezogen als ich, fällt mir ein, und prompt fühle ich mich besser. Der Schweiß brennt in den Augen. Der durchgeschwitzte Spandexanzug juckt auf der Haut. Mir fällt auf, dass die Schweinemaske keine Mundöffnung hat, durch die ich trinken kann.

Der Countdown beginnt.

Ich drehe mich um; durch die Sehschlitze versuche ich, mir einen Überblick über die Menge der Mitstreiter zu verschaffen. Ich reiße die Arme hoch, um die Massen anzufeuern.

Und entdecke – einen Schweinekopf!

Mir stehen die Borsten zu Berge. Das kann doch nicht wahr sein! *Eine zweite Laufsau am Start? Käptn Link Ringelschwanz* hebt lässig die Hufe und trabt sich warm. Die Menge bewegt sich, doch die Laufsau ist zur Salzsäule erstarrt.

Der Laufsau-Imitator zieht an mir vorbei – und grabscht unverfroren nach meinem Schwanz. Erst als die Adipositas-Selbsthilfegruppe vorbeiwalzt, gewinne ich meine Fassung ausreichend zurück, um ins Rennen einzusteigen. Ich werde Rudi Rüssel ganz sicher nicht kampflos das Feld überlassen! Im Ziel wird man der ersten einlaufenden Sau zujubeln und die zweite mitleidig belächeln. Also wird HERR LAUFSAU nicht hinterherhinken, so viel steht fest!

Bei Kilometer zehn schließe ich zu *Dr. Speckschwarte* auf, fünfzig Meter vor mir wackelt sein Ringelschwanz keck auf und ab. Immer wieder klatschen ihn Zuschauer ab, skandieren „Laufsau, Laufsau!". Dieser falsche Fuffziger stiehlt mir die Schau! Es kann nur einen geben, denke ich, und mobilisiere die letzten Kräfte.

Der Schweiß strömt unter meiner Maske hervor wie aus einem Wassersprinkler, im Inneren herrscht eine Luftfeuchtigkeit wie in einem türkischen Hamam. Ich japse, aber aufgeben ist nicht. Einen halben Kilometer später verweise ich den Blender in seine Schranken. Mit hämischer Miene und wackelnder Kehrseite ziehe ich an meinem Klon vorbei. Jetzt bin ich derjenige, der abgeklatscht wird, den die Massen anspornen. Ich genieße es, ein Schwein zu sein, dem das Volk zujubelt.

Die Freude währt gerade mal einen Kilometer lang.

Bei Kilometer zwölf gehen bei mir die Lichter aus: Überhitzung, Dehydrierung, Kreislaufkollaps. Nachher wird es heißen, es sei ein Wunder, dass ich überhaupt so lange durchgehalten habe.

Als ich wieder zu mir komme, beugen sich zwei Menschen über mich – ein Sanitäter und eine Frau im Schweinekostüm. Den Schweinekopf hält sie unter einem Arm, mit der freien Hand fächelt sie mir Luft zu. Sie hat blonde Locken und sieht umwerfend aus. Und sie ist nicht knallrot vor Anstrengung.

„Wenn ich gewusst hätte, dass die echte Laufsau mit von der Partie ist, hätte ich ein anderes Kostüm gewählt."

Ich grinse dümmlich, für eine durchdachte Antwort kann ich meine kleinen grauen Zellen noch nicht aktivieren.

Am Schluss stehen wir gemeinsam auf dem Siegertreppchen – der Kostümprämierung. Die Jahrespackung medizinische Gelenkschmiere überlässt die blonde Bache großzügig mir. „Nimm nur, ich bin noch ganz gut in Form", sagt sie mit einem vieldeutigen Seitenblick.

Ich denke, ab einem gewissen Alter muss eine Laufsau diese Seitenhiebe einstecken können. Vor allem von Artgenossen mit blonden Locken.

Die Vögel

Ein Hitchcock-Klassiker wird neu aufgelegt, und die Laufsau landet unerwartet in einem Horrorszenario.

Das kleine Biest sitzt in dreieinhalb Metern Höhe auf einem Ast und glotzt auf mich herab. Keine Sekunde lässt es mich aus seinen kalten gelben Augen, die nur sehr gelegentlich schläfrig blinzeln. Der Schnabel sieht gefährlich aus. Ebenso die messerscharfen Krallen, die den Ast wie Schraubzwingen umschließen.

Das Gefährlichste an der Laufsau ist derzeit ihr Geruch. Alter und neuer Schweiß, gemeinsam gefangen in den Fasern meines Funktionsshirts und meiner Lauftights. Kein Lüftchen regt sich – wenn man als Läufer in Bewegung ist, nimmt man seine eigenen Ausdünstungen nur selten wahr. Aber hier, als Geisel eines fliegenden Beutegreifers zur Bewegungslosigkeit verdammt, kann ich die Abbauprodukte meiner sportlichen Betätigung zu hundert Prozent selber inhalieren.

Aber beginnen wir von vorne:

Die Zeit von Ende Mai bis Ende Juni war immer meine bevorzugte Trainingszeit. Die Betonung liegt auf „war". Die Pollensaison ist vorüber, die Hitze am Vormittag hält sich in Grenzen und während der Randzeiten ist es hell genug, um vor dem Sonntagsbrunch oder nach getanem Tagwerk noch eine Runde zu drehen, ohne bei einem Fehltritt in der Dunkelheit einen Bänderriss zu riskieren.

In diese Jahreszeit fällt leider auch die Brutzeit vieler Greifvögel. Und eines dieser Exemplare, ein stattlicher europäischer Mäusebussard, den ich auf den Namen „Lothar (Freiherr von Richthofen)" getauft habe, hat mich zur zweibeinigen Nemesis für seinen Nachwuchs erkoren.

Gleich ob es an der ausgesucht schrillen Farbgebung meiner Laufkleidung, meinem räuberischen Gesichtsausdruck oder einfach daran liegt, dass ich mich zur falschen Zeit am falschen Ort aufhalte – Lothar hat es auf mich abgesehen.

Anfangs nehme ich ihn gar nicht wahr. Ich trabe locker vor mich hin, als ein Luftzug von hinten mein Haupthaar in Wallung bringt. „Wie schön, Rückenwind", freue ich mich und setze meinen Weg fort. Beim nächsten Luftzug streifen Schwanzfedern über die sich lichtende Stelle am Hinterkopf. Erschrocken blicke ich nach oben – und entdecke lebensgefährliche Krallen, die sich bedrohlich öffnen und schließen.

Dass mich der Vogel an den Ohren packen, in sein Nest schleifen und an seine Jungen verfüttern will, ist bei meiner Körperfülle im Verhältnis zu seiner Spannweite unwahrscheinlich. Doch er könnte mich problemlos skalpieren, mir die Augen auskratzen, den Bauch aufschlitzen und meine Eingeweide herausreißen.

Auf mein Gekröse kann ich verzichten. Aber die Haare brauche ich noch – sie sind für meine Selbstachtung unabdingbar.

Eine Buche am Wegrand bietet mir einstweilen Schutz. An den Stamm gelehnt atme ich tief durch. Ein Flattern in der Höhe – Lothar landet auf einem Ast, wo er mich hervorragend im Auge behalten kann. Er dreht den Kopf, und ich könnte schwören, dass er den Schnabel zu einem Grinsen verzieht.

Zwei alte Damen aus dem nahegelegenen Seniorenheim schieben ihre Rollatoren an mir vorbei. Auf einem prangt die Aufschrift TURBO POWER. Sie grüßen. Ich grüße säuerlich zurück. Los, Lothar, denke ich mir, schnapp dir die beiden, das hat die Natur doch so eingerichtet: „Survival of the fittest". Wie schnell ist man mit so einem Rollator unterwegs?

Doch Lothar hat nur Augen für mich.

Das Leben ist nicht fair: Ich bin noch keine Fünfzig, der Teil zwischen meinen zurückweichenden Geheimratsecken ist immerhin noch füllig, wohingegen eine der beiden Damen mit Sicherheit eine Perücke trägt und ihre Freundin angesichts des Schneckentempos ihrer TURBO POWER-Gehhilfe den Hungertod zu erleiden droht.

Lächerlich, denke ich. Laufsau – du wirst dich doch nicht von einem Piepmatz in Geiselhaft nehmen lassen!

Ich fasse mir ein Herz und spurte los. Keine fünfzig Meter weiter höre ich das Brausen von Lothars Schwingen hinter mir. Ich spüre den Hauch des Todes. Ich schlage einen Haken, und noch bevor der Bussard mir die Klauen in den Schädel treiben kann, suche ich wieder Zuflucht unter der Buche und – fluche.

Der Kollege „Zatopek" eilt herbei. Natürlich heißt der Kerl nicht wirklich so. Ich nenne ihn so, weil er vermutlich mit dem leibhaftigen Zatopek bei den Olympischen Spielen 1948 gestartet ist und noch heute beim Laufen seine Originalgarderobe trägt. Die Schuhe sehen aus, als hätten sie Ledersohlen. Zato misst höchstens einen Meter fünfzig, besteht nur aus Haut und Knochen, Sehnen und Muskeln und legt ein irres Tempo vor. Täglich. Mehrmals.

Schnell stütze ich mich am Stamm ab und täusche Dehnübungen vor; der alte Olympionike soll bloß nicht glauben, ich hätte ein Konditionsproblem. Während er das „Ännchen von Tharau" summend an mir vorbeidüst, beobachte ich Lothar aus den Augenwinkeln. Ha, denke ich, Zatopek wird mir endlich diese Harpyie vom Hals schaffen.

Aber Lothars Interesse gilt ausschließlich der Laufsau. Zatopeks Summen wird leiser, bis der angrenzende Wald den Mann und das deutsche Volkslied verschluckt, das er sich wohl mit dem Frühstück einverleibt hat.

Das ist ja wie verhext! Soll ich hier etwa verhungern? Es steht zu befürchten, dass ich noch eine Weile durchhalten muss. Doch spätestens dann, wenn ich bei Einbruch der Dunkelheit nicht zu Hause aufkreuze, wird die Gattin die Polizei einschalten. Ich stelle mir schon das hämische Grinsen der Ordnungshüter vor: „Soso, joggen gehen wollte Ihr Mann also, und er ist noch nicht zurückgekehrt ..." ›Joggen gehen‹ fällt bei der Fahndung nach abgängigen Ehegatten wahrscheinlich in dieselbe Rubrik wie ›Zigaretten holen‹.

Ich brauche irgendetwas, um mich zu verteidigen. Ich streife auf meiner Suche nach einer Beutegreifer-Abwehrwaffe durch das nahe Gehölz. Dabei trete ich in einen verdeckten Kackehaufen. Stinkt bestialisch, doch dass das Rotwild neuerdings Klopapier benutzt, finde ich genauso befremdlich.

Als ich mich mit einem Stock bewaffnet wieder unter dem Baum einfinde, droht mein Herz auszusetzen. Auf dem Ast hocken – zwei Bussarde. Lothar hat seinen Bruder zu Hilfe geholt … Manfred, Freiherr von Richthofen. Der rote Baron. Ich bin verloren. Wie soll ich mich gegen dieses Mörderduo zur Wehr setzen? Die werden mich garantiert in die Zange nehmen!

Doch plötzlich taucht Zatopek auf, meine Rettung. Er trabt – wohl schon auf dem Rückweg – näher, blickt mich verwundert an, entdeckt die beiden Greifvögel auf dem Baum und gesellt sich lachend zu mir. „Belästigen die Sie?"

„Könnte man so sagen", gestehe ich kleinlaut.

Das liegt, an der Geschwindigkeit, belehrt er mich: „Wenn man sich etwa im gleichen Tempo bewegt wie die Beutetiere dieser Greifvögel oder ihre Fressfeinde, greifen sie an. Ist man dagegen wesentlich langsamer oder schneller, lassen sie einen in Ruhe."

Das erklärt, warum sowohl die beiden Rollator-Ladys als auch Zatopek unbehelligt in das Revier der Richthofen-Gang eindringen durften: Die einen waren zu lahm, der andere zu flott unterwegs. Aber es versetzt mir auch einen Stich: Mein Wohlfühltempo scheint exakt das falsche für ein friedfertiges Miteinander zu sein. Es gibt nur drei Möglichkeiten: Erstens, ich lege beim Tempo eine gewaltige Schippe drauf; zweitens, ich steige auf eine Gehhilfe um; und drittens, ich suche mir eine neue Hausstrecke. Alle drei Alternativen sind wenig verlockend.

Zato, der sich offenbar auch als Hobby-Ornithologe betätigt, klärt mich auf, dass es noch eine andere Methode gibt, sich die Biester vom Hals zu schaffen. „Greifvögel nehmen immer den höchsten Punkt ins Visier. Wenn Sie sich also etwas über den Kopf halten – zum Beispiel Ihren schönen Stock hier – zielen sie auf dessen Spitze. Besser als auf Ihren Skalp, oder?", lacht er.

Er bietet mir an, gemeinsam nach Hause zu laufen. Mit bangem Blick sprinte ich neben ihm los. Und tatsächlich – die Richthofen-Gang wendet sich kurz zu mir um, als wollte sie sagen: „Warte nur, Laufsau, morgen kriegen wir dich …", aber wir dürfen uns unbehelligt entfernen. Zu Hause angekommen habe ich Seitenstechen und erwäge kurz, den Inhalt meines Magens in den Garten zu ergießen. Zatopek und ich spielen einfach nicht in derselben

Liga. Naja, um ehrlich zu sein, mischt nur Zato vorne mit und ich rangiere buchstäblich unter ferner liefen.

Zwei Tage später verabschiede ich mich im Hausflur von der Gattin, um die nächste Laufeinheit zu absolvieren. Ich setze den Fahrradhelm auf, auf den ich eine kleine Deutschlandflagge montiert habe.

Die Gattin steht mit offenem Mund da. „Dein neu entdeckter Patriotismus macht mir Angst", sagt sie.

„Keine Sorge", beruhige ich sie. „Ist doch Fußball-WM. Da darf man das."

Der Richthofen-Gang werde ich es jedenfalls zeigen!

Nachwort zur Neuauflage

Ich habe der Laufsau viel zu verdanken – genau genommen meinen literarischen Werdegang. So wie ich selbst durchliefen auch die Texte in diesem Buch eine Entwicklung – sie wurden quasi „erwachsen".

Alles begann mit dem Internetblog *laufdusau.blog.de*: Jeden Montag die teils kuriosen Erlebnisse während meiner Vorbereitung auf den Köln-Marathon 2008 mit einer stetig wachsenden Lesergemeinde im Internet zu teilen, das waren meine allerersten literarischen Gehversuche. Die Anekdoten waren spontan, scherten sich nicht um Dramaturgie oder Rechtschreibung und entfernten sich mit jedem neuen Beitrag ein Stückchen weiter von der Realität. Hauptsache, sie brachten das Publikum zum Lachen.

Die Zugriffszahlen des Blogs und schließlich auch die Verkaufszahlen des aus dem Blog entstandenen Buches brachten mich dazu, mehr Zeit mit dem Schreiben zu verbringen und die Herausforderung anzunehmen, meinen ersten Roman zu schreiben.

Zwischen dem Internetblog und der neuen Heimat der „Geschichten vom Laufen" im Werkstatt-Verlag liegen nun sieben Jahre, drei Kriminalromane – davon einer ausgezeichnet mit dem Friedrich-Glauser-Preis –, ein Dutzend Kurzgeschichten und mehr als eine Viertelmillion Wörter.

Trotzdem wird die Fotografie meines schlammverkrusteten Laufschuhs (es ist tatsächlich meiner) mich immer daran erinnern, womit alles begann: mit der Laufsau, der Gattin und den Sprösslingen Sohn#1 und Sohn#2.

Marc-Oliver Bischoff, im Herbst 2014

P.S: Die Neuauflage wurde inhaltlich, stilistisch und orthografisch überarbeitet sowie um drei neue Geschichten ergänzt: „Das Fitnessarmband", „Verkleidungslauf" und „Die Vögel".

Danke

Meiner Mutter fürs Korrekturlesen, Marion Künzel für die Geschichte mit der Selbstbräunungscreme, Achim Achilles für seine Unterstützung, Jörg Schumacher für meinen ersten Marathon, der Community auf blog.de und achim-achilles.de für ihre Beteiligung.

Zum Autor

Marc-Oliver Bischoff, geboren 1967, lebt und arbeitet in Ludwigsburg. Er läuft seit seinem 18. Lebensjahr regelmäßig. 2003 bestritt er seinen ersten Halbmarathon, im Oktober 2008 finishte er den Köln-Marathon. Von Mitte 2008 bis Ende 2010 schrieb er in seiner Internet-Kolumne „Lauf, du Sau!" über die täglichen Widrigkeiten des ambitionierten Freizeitläufers. Für seinen 2012 erschienenen Roman „Tödliche Fortsetzung" erhielt er den renommierten Friedrich-Glauser-Preis für das beste Krimi-Debüt. Er ist verheiratet und hat zwei Kinder. Im Internet finden Sie ihn unter www.marc-oliver-bischoff.de

Weitere Titel aus dem Verlag Die Werkstatt

Iris Hadbawnik
Mythos Mount Everest – Ein Berg wird erobert

224 S., Paperback, Farbfotos, ISBN 978-3-7307-0007-5, 19,90 €

»Nicht jedes Bergbuch ist für Läufer interessant – dieses hier schon. Denn es wird nicht nur von Gipfelstürmern berichtet, sondern von allen Sportlern, die sich im Everestgebiet tummeln. … Hadbawniks Buch beleuchtet viele Aspekte, und zwar alles andere als oberflächlich. Das Buch besticht aber auch durch zum Teil ausgezeichnete, geradezu aufregende Fotos.«

Spiridon

www.werkstatt-verlag.de

Iris Hadbawnik
Bis ans Limit und darüber hinaus – Faszination Extremsport

224 S., Paperback, Farbfotos, ISBN 978-3-89533-765-9, 19,90 €

»Die Autorin porträtiert zehn außergewöhnliche Frauen und Männer, die in den unterschiedlichsten Disziplinen schier Unvorstellbares leisten, um zu erfahren, was diese ›antreibt‹.«
Saarbrücker Zeitung

www.werkstatt-verlag.de

Weitere Titel aus dem Verlag Die Werkstatt

Claus Melchior
Baseball – Kulturgeschichte eines amerikanischen Sports

256 S., Paperback, Fotos, ISBN 978-3-7307-0086-0, 14,90 €

»Ein großes Buch über einen großen Sport. Wichtig und bahnbrechend.«
Ibbenbürer Volkszeitung

»Dieses Buch klärt auf – weniger über das seltsame Regelwerk dieses Sports, sondern über seine interessante Geschichte.«
Sport in Hessen

www.werkstatt-verlag.de

Bernd Imgrund
1000 verrückte Tischtennis-Tatsachen

208 S., Paperback, Fotos, ISBN 978-3-89533-868-7, 12,90 €

»Das perfekte Buch für die Pause zwischen zwei Spielen.«
Der Tagesspiegel

»Die 1000 verrückten Sachen zum Thema sind aber oft gar nicht so verrückt, sondern interessant, lehrreich, unterhaltsam oder auch nur informativ.«
Der Übersteiger

www.werkstatt-verlag.de